마음을 읽는 미술치료

마음을 읽는 미술치료

지은이 김선현
펴낸이 안용백
펴낸곳 (주)넥서스

초판 1쇄 발행 2006년 4월 20일
초판 15쇄 발행 2015년 12월 20일

출판신고 1992년 4월 3일 제311-2002-2호
04044 서울시 마포구 양화로8길, 24
Tel (02)330-5500 Fax (02)330-5555
ISBN 978-89-5797-227-4 13510

저자와 출판사의 허락 없이 내용의 일부를
인용하거나 발췌하는 것을 금합니다.
저자와의 협의에 따라서 인지는 붙이지 않습니다.

가격은 뒤표지에 있습니다.
잘못 만들어진 책은 구입처에서 바꾸어 드립니다.

www.nexusbook.com
넥서스BOOKS는 (주)넥서스의 실용 브랜드입니다.

그림으로 행복을 여는 시간

마음을 읽는 미술치료

김선현(차의과학대학교 미술치료대학원·차병원 교수) 지음

넥서스BOOKS

"미술 표현은 한 사람의 외부 세계와 내부 세계가 만나는 곳이다."

그림은 가장 단순하고도 풍부하게 자신을 표현할 수 있는 방법이며
그린 사람의 진솔한 자기 고백이다. 언어로 표현 못하는
속마음을 자유롭게 표현하는 과정을 통해
닫힌 마음을 조금씩 열고 내면의 상처를 치유하는 과정이자
'나는 무엇을 하고 싶은지' 진정한 자아를 찾을 수 있는
행복한 만남의 시간이기도 하다.

추천의 글

미술로 마음을 치유한다

21세기에 들어서면서 의학의 축은 '질병 중심'에서 '건강 중심'으로 옮겨가고 있다. 이 과정에서 '병이 없는 것이 곧 건강이다'라는 생각이 잘못된 것임을 깨닫는다. 병은 나았지만 아직 건강한 상태가 아닌 '불건강(不健康)', 또는 건강은 잃었지만 아직 병이 아닌 '미병(未病)'의 상태를 발견했기 때문이다. 병도 아니고 건강도 아닌 바로 이 회색지대, 즉 불건강[미병]이 새 시대 새로운 의학의 관심 대상으로 부각하기 시작했다.

참된 웰빙을 얻으려면 불건강을 잘 다스려야 한다. 그래야만 사람의 상태가 병으로 진행되는 것을 예방할 수 있고, 완전한 건강으로 돌아갈 수도 있기 때문이다. 이러한 건강의 불법지대인 불건강의 문제를 해결해보겠다고 팔 걷고 나선 낯선 영웅이 바로 '대체의학'이다. 즉, 대체의학이란 제도권 의료를 주도하는 서양의학 외의 모든 전통의학과 민간요법을 통틀어 연구 대상으로 삼는 의학을 일컫는 말이다.

최근 전 세계적으로 대체의학이 각광 받는 이유는 무엇일까? 그것은 서양의학에서 한계를 느끼고 있는 만성 난치병 치료에 하나의 가능성과 돌파구를 제시한다는 점, 확실한 실패보다는 막연하나마 기대를 걸어보고 싶은 환자들의 좌절 심리, 새로운 금맥을 발견한 광부처럼 대체의학 분야가 '연구 발상(research idea)의 보고(寶庫)'라고 생각하는 학자가 날로 늘어나고 있다는 점, 정상 이상의 건강을 추구하는 '슈퍼맨 증후군'의 확산, 정보화 시대의 물결에 휩싸여 홍수처럼 밀려드는 의료 정보를 이것저것 따라해보고 싶은 일반인들의 호기심 등을 들 수 있다.

지금까지 소개된 대체의학 요법은 200여 가지나 된다. 어떤 것은 서양의학에 가깝고 또 어떤 것은 동양의학에 더 가깝다. 그리고 어떤 것은 과학적인 방법으로 상당히 연구되어 있는가 하면 또 어떤 것은 별로 연구된 바 없다. 중요한 것은 서양의학이든 동양의학이든 대체의학이든 간에 나름대로의 장점도 있지만 단점 또한 지니고 있다는 점이다.

이렇듯 접근법이 서로 다른 이 의학들 사이에는 상호 보완적인 측면이 있다는 과학적 증거도 날로 축적되고 있다. 폭발하듯 넘쳐나는 각종 의학 정보가 전 세계에 널리 퍼져 홍수처럼 밀려와도, 사람들의 건강에 대한 궁금증은 또 궁금증대로 날로 늘어가고 있다. 때때로 상반된 정보는 그들의 이해를 돕기는커녕 오히려 혼란스럽게 한다.

훌륭한 책이나 강의는 새로운 정보를 제공하거나, 산만한 정보를 잘 정리해주거나, 잘못된 정보를 고쳐주는 역할을 한다. 이러한 시점에서 《마음을 읽는 미술 치료》는 가뭄에 단비를 뿌리듯 신선한 기분을 주기에 충분하다. 임상 미술 치료는 "미술이라는 창의적인 활동을 통해서 피검자의 정신적·감정적·정서적 문제를 표현하도록 하고, 이를 토대로 숨어 있는 문제점을 평가하고, 나아가 질병의 치료나 증상의 호전을 도모하는 요법"이다.

미술 활동은 표현 과정 자체가 사람의 육체적 활동과 밀접한 관계가 있음은 물론이고, 정신적인 측면과 감정적 · 정서적 · 사회 심리적 측면과도 연결되어 있다. 심지어 영적 내면과도 연계되어 있다. 그래서 미술 치료는 이미 오래 전부터 정통의학의 틀 속에서 다양하게 사용되어 왔다. 또한 근래에는 보완대체의학 분야로도 확대되어 임상적 응용과 기초 연구가 활발하게 진행되고 있는 실정이다.

많은 연구와 임상 경험을 토대로 알기 쉽게 정리해놓은 이 책은 마치 가려운 데를 긁어주는 느낌이다. 이 책 첫장에서는 미술 치료란 무엇이며 그것이 어떻게 건강에 도움을 줄 수 있는지를 살펴본다. Part2에서는 뇌 발달 과정과 오른쪽 뇌와 왼쪽 뇌의 사고 기능이 어떻게 다른지, 그리고 이러한 뇌의 기능이 미술 치료와 어떤 관계를 형성하는지 재미있게 설명해준다. Part3에서는 그림이 우리의 속마음을 어떻게 표현해내는지, 그리고 마치 꿈을 해몽하듯 그림이 던져주는 메시지를 어떻게 풀어내는지 일목요연하게 해설해준다.

Part4에서는 미술을 통해 파악된 내면의 문제점을, 역시 미술을 도구로 삼아 치료하는 방법을 구체적으로 일러준다. 상대방과 이야기를 나눌 때, 그 상대방에 걸맞은 단어나 적합한 표현을 골라서 대화해야 서로 잘 통한다는 느낌이 든다. 마찬가지로 미술 치료 역시 아동기엔 아동대로, 청소년기엔 청소년대로, 노인층엔 노인대로

각기 다른 접근법을 이용해 치료해야만 효과가 크다. Part5에서는 주의력 결핍증, 과잉행동장애, 산만함, 공격성, 우울증, 폭행 후유증, 중독증 등 실제로 임상 적용했던 여러 형태의 치료 사례를 마치 비디오 화면처럼 선명하게 보여준다.

  오랜 친구를 대하듯 편하게 다가오는《마음을 읽는 미술치료》는 건강 정보에 갈증을 느끼는 일반인이나 환자들뿐만 아니라, 생명과학 분야와 미술 분야 학생들, 그리고 의사 · 간호사 · 치료사 · 미술가 · 생명과학 연구가 등, 이들 모두에게 훌륭한 교양서 및 참고서가 될 것임에 틀림없다.

CHA 의과학대학교 통합의학대학원 원장
차병원 안티에이징 라이프센터 원장
국제 자연치유의학연맹 총재

여는 글

마음의 문을 열어주는 미술 치료

일반인들에게 '미술 치료'는 생소한 분야다. '미술 치료'라 하면, 도대체 미술로 무슨 치료를 한다는 건지 대부분 머리를 갸우뚱할 것이다. 설령 미술 치료에 대해 들어본 적이 있다 해도, 그런 건 정신질환자나 받아야 하는 게 아닌가 하고 오해하는 경우도 많다.

　　미술 치료는 다양한 미술 표현물로 사람의 마음을 읽고, 미술 활동을 통해 마음을 치유하는 심신 요법의 한 분야다. 미술이라는 도구로 환자의 심신을 안정시키고 긍정적인 에너지를 얻어 스스로 치유할 수 있도록 돕는 치료법인 것이다. 굳이 환자가 아니더라도 미술 치료를 통해 각자 갖고 있는 심리적인 문제, 즉 내면의 상처나 불안, 스트레스 등을 치유할 수 있다.

　　미술 치료의 목적은 육체적·정신적 질병을 앓고 있는 환자의 상태와 문제를 파악하여 이들이 겪는 고통 따위를 덜어주는 한편, 좋은 쪽으로 변화시켜 환자 스스로 치유할 수 있는 내면의 힘을 키우는 데 있다. 이는 미술 치료의 큰 매력이다. 외부의 힘을 빌려 수동적으로 병을 치료하는 것이 아니라 스스로 자신의 문제를 해결할 수 있는 힘을 얻는다는 것은 매우 특별한 의미를 지닌다. 미술 치료를 통해 얻어진 내면의 힘은 보다 긍정적인 눈으로 앞으로의 삶을 가꿔 나갈 자양분이기 때문이다. 또 미술 활동을 통해 숨어 있던 자신의 잠재력을 계발하는 소중한 기회를 얻을 수도 있다.

대개 미술 치료를 처음 접하는 이들은 미술 활동에 자신 없어 하면서 소극적인 태도를 보인다. 그러나 굳이 그림을 잘 그려야 한다거나 훌륭한 작품을 만들어내야 한다는 부담을 가질 필요는 없다. 그저 자신이 표현하고자 하는 바를 자유롭게 그리거나 만들어내면 되는 것이다. 미술 활동에 몰두하는 것만으로도 말로는 표현할 수 없던 내면의 억압된 심리를 표출하게 되어, 저절로 마음의 안정을 찾을 수 있게 된다.

　남녀노소를 불문하고 모든 대상에게 적용할 수 있는 미술 치료는, 특히 아이들에게 정서적 안정과 균형 잡힌 뇌 발달의 효과를 줄 수 있다. 또한 혼돈기의 청소년에게는 자아 정체성을 기르고 변화에 적응할 수 있는 능력을 기르게 한다. 노인들에게는 치매 예방의 효과와 함께 우울증을 극복하는 데 탁월하다.

　한편 학교나 복지관, 양로원, 병원 등에서는 집단적인 미술 치료를 시도할 수 있다. 이것은 사회 복지 차원에서 문제를 예방하고 해결하는 방법으로도 훌륭하게 활용될 수 있다. 나아가 임산부에게는 태교로, 장기 입원 환자나 암환자에게는 투병 의지를 북돋워주는 역할을 담당할 수 있다.

　이 책은 보통 사람에게는 다소 거리감이 있는 미술 치료를 보다 쉽고 친근하게 만날 수 있도록 구성했다. 먼저 기본적인 미술 치료의 개념과 그림의 상징, 그림 진단법 등을 소개하면서, 전문 치료사의 도움 없이도 집에서 간단하게 미술 치료를 할 수 있는 방법을 제시하였다. 또한 자라는 아이들의 균형 있는 뇌 발달을 위한 미술 교육에 대한 조언과 더불어, 그림을 통해 아이의 마음을 읽을 수 있는 방법을 정리해놓았다. 아동, 청소년 등 대상별로 다양한 미술 치료 기법들을 알려주어 가정에서나 학교, 각종 기관 등에서 활용할 수 있도록 했다. 마지막으로 치료 사례를 소개하여 실제로 미술 치료가 어떤 효과가 있는지 한눈에 알아볼 수 있도록 했다.

이미 서구에서는 주의력 결핍 및 과잉행동장애(ADHD) 등의 소아 질환, 치매·중풍 등의 노인 재활, 불안·우울 등의 정신신경계 질환, 악성 종양 질환의 재활 및 심리 치료에 유용한 보조 요법으로 미술 치료를 활용하고 있다.

최근 들어 국내에서도 미술 치료가 확산되고는 있지만, 아직은 외국에 비해 미진한 점이 많다. 해외에서 미술 치료 관련 연수와 인턴 과정을 밟으면서 예술치료사·상담심리사·의사들이 팀을 이뤄 한 명의 환자를 돌보는 의학적·예술적 깊이와 노련함에 놀라움과 부러움을 금할 수 없었다. 우리나라도 하루빨리 각각의 현장에 맞는 미술 치료가 정립되어 보다 많은 이들이 미술 치료를 접하고 치유의 힘을 얻기를 간절히 바란다.

끝으로 부족한 저자에게 의학과 삶에 대한 가르침으로 큰 힘이 되어주시는 많은 분들께 감사를 드린다. 아무쪼록 이 책이 부모, 유아, 아동 교사, 상담사, 미술치료사들에게 도움을 주기를 바란다.

김선현

차의과학대학교 미술치료대학원·차병원 교수

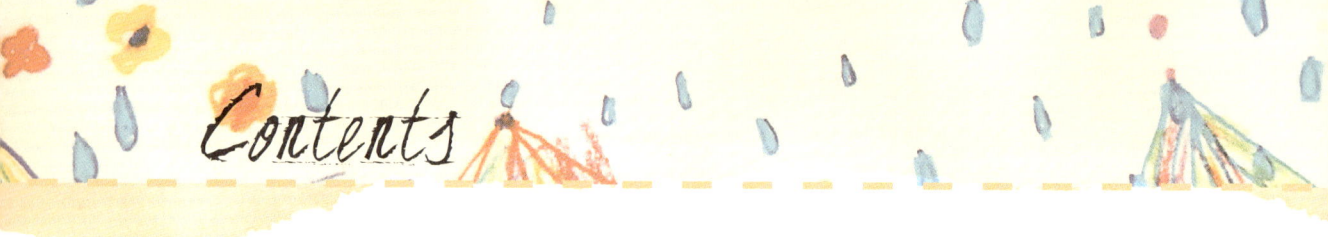

Contents

추천의 글 | 미술로 마음을 치유한다 6
여는 글 | 마음의 문을 열어주는 미술치료 10

Part 1 미술 치료 알기

알고 보면 쉬운 미술 치료
- 미술, 그 오해에 대하여 20
- 미술과 치료가 만났을 때 22

미술 치료, 이래서 좋다
- 미술 치료는 내면의 표현 25
- 미술 치료의 장점 27

상징 언어를 알아야 마음을 읽는다
- 그림에 나타나는 상징 읽기 30
- 공간 상징 31
- 색채 상징 35
- 선 상징 46
- 형태 상징 48

우리 집 미술 치료사
- 엄마는 미술 치료사 52
- 흥미를 갖게 하는 미술 재료 55
- 집에서 하는 간단한 미술 치료 프로그램 56
  동물 가족화 그리기 | 콜라주로 받고 싶은 선물 꾸미기 | 점토로 좋아하는 사람, 싫어하는 사람 만들기 | 동화 읽고 그리기 | 만다라 그리기 | 음악 듣고 그리기

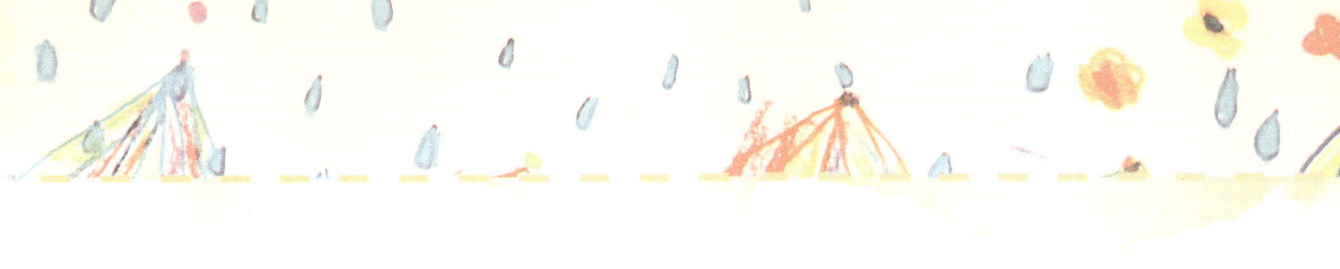

Part 2 그림으로 뇌 발달시키기

우리 아이는 좌뇌형일까, 우뇌형일까?
뇌의 발달 단계 68
좌뇌와 우뇌의 차이점 70

우리 아이는 어떤 미술 교육이 알맞을까?
좌뇌와 우뇌를 골고루 발달시키는 미술 교육 74
아동 미술 발달 단계 78

우리 아이의 마음은 어떤 빛깔일까?
아동 미술 심리 82

Part 3 그림으로 마음읽기

그림으로 진단하는 마음의 비밀
그림 진단, 어떻게 할까 90
나무 그림 검사 92
물고기 가족화 검사 96
인물화 검사 99
동적 가족화 검사 104
집·나무·사람 검사 110

Part 4 그림으로 대화하기

아동을 위한 미술 치료

아동기에 나타날 수 있는 문제들 120
주의력결핍 과잉행동장애(ADHD) | 학습장애 | 틱장애 | 자폐장애 | 반응성 애착장애 | 배설장애 | 정신지체

심리적 긴장감을 이완하는 치료 기법 126
난화 그리기 | 핑거 페인팅 | 데칼코마니

정서를 안정시키는 치료 기법 130
점토를 이용한 미술 활동 | 만다라 그리기 | 물감 뿌리기 | 신문 찢기와 종이죽 작업 | 콜라주 | 신체 그리기

청소년을 위한 미술 치료

청소년기에 나타날 수 있는 문제들 136
우울증 | 불안 | 섭식장애 | 청소년 성 문제 | 약물 남용 및 의존 | 정신병 | 자살

자아 정체성 확립을 촉진하는 치료 기법 142
고치에서 나비가 되기까지 | 명화 따라 그리기 | 감정차트 만들기 | 셀프 박스(Self Box) 만들기 | 내가 만일 거인이 된다면 | 여러 가지 자화상 그리기 | 분필로 조각하기

창의성을 계발하는 치료 기법 147
달걀판을 이용한 생활 미술 | 숟가락 모티브 그림 | 폐컴퓨터를 이용한 자화상 | 병뚜껑을 이용한 조형물 | 종이접기 구성(딱지) | 강제결합하기

노인을 위한 미술 치료

노년기에 나타날 수 있는 문제들 151
노인 우울증 | 치매

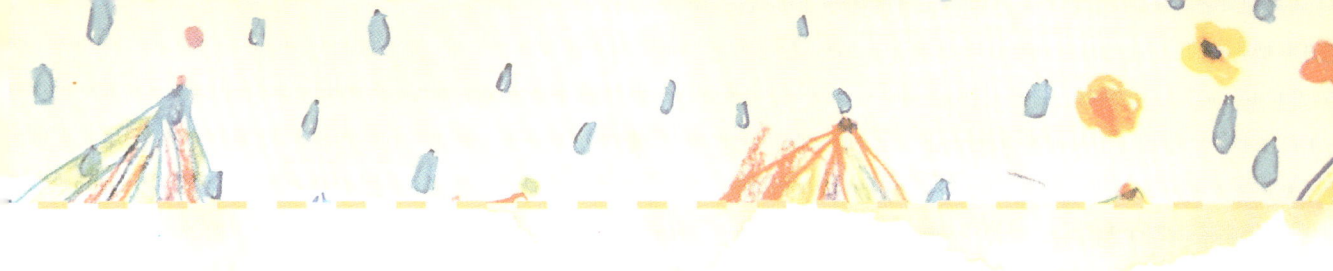

노인 우울증을 개선하는 치료 기법 154
젖은 종이에 물감 칠하기와 그리기 | 자연물을 통한 입체 활동 | 만다라 그리기 | 곡물과 씨앗을 이용한 만다라 꾸미기 | 삶의 파노라마

치매 환자를 돕는 치료 기법 157
사람이나 동물, 자연물의 형상 만들기 | 명화 따라 그리기 | 음악 듣고 혹은 들으면서 그리기, 동화 듣고 그리기 | 자유로운 핑거페인팅, 음악 들으면서 그리는 핑거페인팅, 양손으로 그리기 | 자연물이나 음식 재료 이용하기 | 나의 인생 콜라주 | 헝겊 주머니 만들기

Part 5 그림으로 치료하기

사례로 이해하는 마음 치료 과정
- 자신을 찾아가는 특별한 그림 여행 164
- 또래와 잘 어울리지 못해요! 166
- 산만하고 공격적이에요 169
- 하루 종일 게임만 해요 175
- 장애로 사람 만나기가 두려워요 182
- 남자 어른이 무섭고 싫어요 185
- 너무 오래 아파서 힘들어요 189
- 죽고 싶어요 192
- 외롭고 쓸쓸해요 195

참고문헌 198

미술 치료 알기

미술 치료는 미술과 치료가 만나서 육체적·정신적으로 고통 받는 사람들을 치유하는 활동이다. 쉽게 드러내지 않는 마음속 깊은 상처를 읽고 이해의 손길을 내미는 것, 그래서 미술 치료는 사람의 마음을 읽고 그 상처를 보듬을 수 있다. 미술 치료의 진정한 의미는 아름답고 보기 좋은 그림을 완성하는 게 아니라 자신의 생각을 그대로 표현하는, 즉 미술 활동이 진행되는 과정 그 자체이다.

알고 보면 쉬운 미술 치료

미술, 그 오해에 대하여

사람들에게 종이 한 장을 주면서 그림을 그려보라고 하면 늘 주저하면서 눈치부터 살핀다. 머릿속에 잘 그려야 한다는 생각을 갖고 있기 때문이다. 유치원부터 고등학교까지 10년을 넘게 미술을 배워도 여전히 미술은 일반인들의 영역이 아닌 것이다.

본격적으로 미술 치료에 대해 설명하기 전에 미술이란 단어를 먼저 생각해보자. 백과사전에서 '미술'이란 단어를 찾아보면, "아름다움을 표현하는 예술, 특히 시각에 호소하는 예술로 회화·조각·건축 등을 말한다"라고 되어 있다. 영어로는 '파인 아트(Fine Art)'라고 하는데, 본디 조형 예술만을 뜻하는 것이 아니라 예술 모두를 통틀어 포함하고 있는 용어이다. 보통 사람들에게는 안 그래도 알쏭달쏭한 미술 세계가 예술이라는 거창한 이름까지 달려있으니 더욱 멀게만 느껴질 것이다.

그림이나 조각에 관심 없는 보통 사람들에게 '미술'은 학창 시절에 실기 점수를 얻어야 하는 교과목의 하나로 기억되기 십상이다. 그러나 아이를 키우는 부모의 입장이 되면 미술에 대한 생각이 달라진다. 평소 미술에 관심이 많든 적든 간에 아이의 예술적인 감성과 창의력을 키워주기 위해서는 미술 교육이 꼭 필요하다고 생각한다. 이처럼 미술은 가까이 하기에는 멀게 느껴지지만, 그렇다고 멀리하기에는 아깝고 소중한 그 무엇처럼 우리 주변을 맴돌고 있는 것이다.

그렇다면 자라나는 아이에게는 꼭 필요하다고 여겨지는 미술이 정작 자기 자신에게는 여전히 어렵게만 느껴지는 이유는 무엇일까? 그것은 미술을 '미술 표현', 즉 그럴듯한 작품으로 국한시키고 있기 때문이다. 불행하게도 우리가 학창 시절에 해봤던 미술 활동의 결과물은 모두 점수로 매겨졌고, 이것은 곧장 성적으로 연결되는 경우가 대부분이었다. 자신이 표현하고자 하는 것을 자유롭게 상상해 그리거나 만들어내는 것이 아니라, 객관적인 평가 기준에 맞춰 보기에 좋고 아름답게 잘 그려야 한다는 부담이 미술로부터 우리를 멀어지게 한 이유다.

바로 이런 생각이 미술에 대한 결정적인 오해를 만들었다. 그림을 그리거나 무언가를 만들어내는 결과물로서의 미술 표현은 다양한 미술 활동 영역 가운데 한 부분에 불과할 뿐이다. 미술은 알게 모르게 우리 생활 곳곳에 스며 있으며 정신적으로, 또 신체적으로 영향을 주는 방대한 예술이다.

예를 들어 우리는 스트레스를 받거나 머릿속이 복잡할 때면 무의식적으로 낙서를 하거나 아무 뜻도 없는 그림을 끼적거린다. 때로는 피로해진 눈을 들어 창밖에 펼쳐진 푸른 하늘과 나무를 바라보며 그 아름다움에 잠시 빠져 휴식을 취한다. 혹은 그러한 이미지를 머릿속에 떠올려본다. 이러한 행동들은 모두 긴장을 이완시키고 마음을 풍요롭게 해주는, 넓은 의미에서 미술의 역할이라고 볼 수 있다.

흔히들 '이발소 그림'이라고 하는 달력 속의 그림들, 작은 엽서 한 장에 담긴 간단한 판화, 어린아이들의 천진난만한 첫 그림 등에서 우리는 예기치 않은 감동을 맛보기도 한다. 굳이 거창하거나 어려운 예술 작품이 아니어도 미술은 우리에게 '좋다'라는 감탄사를 일으키고, 잠깐이나마 마음을 순화시키는 청량제 역할을 해준다. 진솔하게 표현된 미술 작품은 객관적으로 훌륭한 것이 아니더라도 당시의 마음 상태에 따라 깊은 감동을 줄 수 있고, 창작 의욕을 일으키거나 내면의 상처를 치유하는 마술 같은 힘을 발휘할 수 있는 것이다.

이렇듯 미술은 잘 그리거나 잘 만들어낸 결과물을 뜻하는 좁은 의미에서 뿐만 아니라, 미술 현상을 감상하는 것과 미술 활동을 통해 나름대로의 카타르시스를 느끼며 승화되는 과정까지 포함하는 치료적 의미도 지니고 있다.

미술과 치료가 만났을 때

미술이 언제부터 시작되었는지는 아무도 정확히 모른다. 하지만 구석기 시대의 동굴벽화에서 알 수 있듯이 오랜 역사를 가지고 발달해온 인류 문화의 한 부분이라는 점만은 확실이다. 미술은 태초부터 인류와 함께 해오면서 문자가 없던 시절의 인간의 역사를 기록하고 우리의 사상과 정서, 꿈과 희망을 담아왔다. 시대와 문화를 초월하여 의미를 전달하며 내적인 경험을 나타내는 강력하고 효과적인 의사소통 양식인 것이다.

앞서 말했듯이 넓은 의미에서 미술은 인간의 마음을 어루만지고 정신적인 성장을 돕는 치유의 역할까지 담당한다. 그렇다면 더 나아가 본격적으로 미술과 치료가 만난다면 어떻게 될까? 먼저 치료의 의미부터 짚어보자.

'치료(Therapy)'라는 단어의 어원은 그리스어 'Therapeia'에서 유래되었다. '치료'라는 말에는 '장려하고 간호하며 돌보고 의학적으로 치유한다'는 폭넓은 뜻이 담겨있다. 또한 수술 등을 통해 병을 없애주는 의미가 아니라 현재의 힘든 상황을 헤쳐 나갈 수 있는 방법을 제시함으로써 삶의 질을 향상시킨다는 적극적인 의미를 지닌다.

'미술 치료(Art Therapy)'라는 용어를 처음으로 사용한 울만(Elinor Ulman)은 "미술 표현은 한 사람의 외부 세계와 내부 세계가 만나는 곳이다"라고 정의하였다. 미술 치료는 한마디로 미술과 치료의 만남이다. 이전부터 있어 왔던 미술 활동의 치유 역할과 치료의 넓은 의미가 한 단계 발전한 것으로, 20세기 들어 탄생한 심리학과 더불어 미술·미술사·인류학·정신 의학과 같은 여러 분야의 접근과 결합에 의해 형성되었다. 미술 치료는 미술 작품으로서의 가치 외에 자기 표현을 통한 자기 이해와 성장, 문제 해결 능력의 부여 등이 '치료'라는 개념과 어우러져 탄생된 것이다.

미술 치료의 진정한 의미는 아름답게, 보기 좋게 잘 그려야 하거나 완성도 높은 멋진 그림을 원하는 것이 아닌 자신이 표현하고 싶은 생각을 보여주는 것, 다시 말해 미술 활동이 진행되는 과정 그 자체이다. 즉 표현하고 싶은 것을 자유롭게 미술로 나타내는 행위 자체에 의미가 있는 것으로, 미술 활동을 통해 정신적으로 승화되는 과정이 진정한 미술 치료의 의미인 것이다.

미술 치료는 미술이라는 시각 매체를 통해 스스로 억제, 상실, 왜곡된 부분을 발견하고 미술의 상징성과 전체성을 통해 통합시킴으로써 자신의 문제와 인격을 인지하고 발전시켜 나가는 작업이다. 특히 미술은 자신의 생각을 말로 표현하는 것에 익숙하지 않은 아이들이나 장애를 가진 사람들에게 더 적합한데, 언어로는 표현 못하는 자신의 속마음을 편안하게 드러내는 장점을 갖고 있다. 또한 미술 자체가 정화 기능을 갖고 있어서 손상되고 불안정한 감정을 완화시키는 데 도움을 줄 수 있다.

한편 미술 치료는 음악치료·무용치료·놀이치료·레크리에이션·심리극 등을 망라하는 예술 치료의 한 영역으로, 최근 많은 이들에게 관심을 불러일으키고 있는 분야다. 심신의 어려움을 겪고 있는 유아·아동·소년·성인·노인에 이르기까지 모든 대상에게 적용할 수 있으며, 회화·조소·공예·디자인 기법 등의 다양한 미술 활동을 통해 그들의 심리를 진단하고 치료하는 데 큰 효과를 나타낸다.

이러한 미술 치료의 장점은 심신요법의 보급과 함께 빛을 발하고 있다. 최근에는 몸만을 치료하는 것이 아니라 마음을 다스리고 의지를 북돋는 것까지 포함하여 치료 효과를 높이는 심신요법이 각광받는 추세다. 미술 치료는 심신요법의 한 분야로서 다양한 예술 치료와 함께 의학적인 처치를 동시에 진행하여 치료 효과를 향상시키고 삶의 질을 높이는 중요한 역할을 담당한다.

Tip. 스트레스와 긴장을 덜어주는 심신요법

심신요법은 증상이나 질병 자체를 치료하는 것이 아니라, 기공·요가·명상 등의 방법으로 긴장을 완화하고 인체 내부의 질병 치유력을 지원하고 촉진한다. 마음이 편안한 상태에서 분비되는 화학 물질들이 질병의 치유를 돕고, 우리의 의식과 상관없이 자동으로 작용하는 신경계를 이완시켜 스트레스와 긴장을 덜어주는 것이다. 이러한 정신신경면역학적 효과는 인체의 면역 체계와 백혈구의 활동에 긍정적인 영향을 미친다.

최근에는 심신요법에 속하는 많은 치료법들이 과학적인 연구를 통해 그 효과를 증명하고 있다. 한 예로 최면술은 과민대장증후군·천식 등의 치료에 이용되며, 금연에도 좋은 효과를 보인다. 또 명상요법은 암 환자의 스트레스와 통증 해소뿐 아니라 불안과 우울증을 치료하는 데 효과적이다.

심신요법은 대체로 매우 안전하며, 수련을 충분히 거친 치료사로부터 적절한 치료를 받는다면 부작용이 거의 없다. 건강한 사람이 심신요법을 이용하면 몸과 마음의 건강을 유지하면서 질병을 예방하며 정신적인 성장을 고양시킬 수 있다.

미술 치료의 역사

미술 치료는 1800년대와 1900년대 초 유럽에서 정신 병리 진단의 보조 도구로 사용되면서부터 시작되었다. 그리고 산업화의 발달로 인간성 상실이 사회적 문제가 되고 정신 병리적 문제가 대두되면서 본격적으로 연구되기 시작했다. 그 뒤 미술 치료는 두 개의 큰 줄기로 나뉘어 발전했는데, 나움버그(Naumburg)와 크레머(Kramer)가 대표적인 인물이다.

미술 치료를 '미술'과 '치료'라는 두 단어로 나눠 봤을 때, 하나는 미술을 중시하는 입장이고 다른 하나는 치료를 중시하는 입장이다. 미술을 중시하는 입장은 '예술을 창조하는 행위 그 자체가 치료적'이라고 보는 것으로 대표적인 학자는 크레머이다. 치료를 중시하는 입장은 '미술 작품을 치료자와 내담자 사이에서 전달된 상징적 회화'라고 보는 것으로 대표적인 학자는 나움버그이다.

나움버그는 프로이트(Freud)와 융(Jung)의 영향을 받아 심리 치료에서 미술을 매개체로 이용하여, '치료에서의 미술(Art in Therapy)'의 역할을 강조하였다. 크레머는 미술 작업을 통하여 내담자 자신의 파괴적·반사회적 에너지를 분출함으로써 그것을 감소시키거나 전환시킨다고 주장하였다. 다시 말해 내담자가 만든 미술 작품을 해석하는 것이 아니라 미술 작업 과정에서 자신의 갈등을 해결하고 승화와 통합 과정을 도와주는 것, 즉 작품을 만드는 과정 자체를 치료라고 보는 견해로 '치료로서의 미술(Art as Therapy)'을 주장하였다. 한편 울만(Ulman)은 미술 치료를 독립된 분야로 발전시킨 중요한 인물이다. 그는 앞의 두 사람이 '치료' 혹은 '미술' 한 가지에 보다 더 치중한 감이 있다고 지적하면서, '미술'과 '치료'라는 두 단어의 의미를 해석하여 치료적 측면과 창조적 측면 모두 주장하였다.

우리나라에서는 1960년 국립서울정신병원에서 정신 건강 전문가 및 작업 치료사를 중심으로 미술 치료가 산발적으로 시행되기 시작했다. 1982년 정신과 의사들이 주축이 되어 정신의학계의 산하단체로서 한국임상예술학회(음악·미술·무용)가 창립되었다. 또한 2005년 대한임상미술치료학회가 발족하면서 포천중문의대병원인 차병원 메디컬바이오센터에도 통합의학으로서의 미술 치료가 독립된 분야로 자리 잡게 되었다.

미술 치료, 이래서 좋다

미술 치료는 내면의 표현

학자들의 견해에 따르면 미술 치료는 두 가지 범주로 나눌 수 있다. 첫 번째는 스스로 작품을 제작하는 과정을 통해 치료가 된다는 점이다. 이는 미술 작업에 몰입함으로써 내면의 불안과 갈등을 스스로 이겨낼 수 있는 치유력을 키우게 된다는 점을 강조한 것이다. 두 번째는 환자나 내담자(미술 치료를 받는 대상)가 자신의 문제점을 그림을 통해 상징으로 표현함으로써 치료사가 이 상징을 읽고, 그것을 바탕으로 심리 치료를 하는 것이다. 이를 흔히 미술 심리 치료라고 하며 '미술 치료는 내면의 표현'이라는 의미를 담고 있다. 이는 일반 미술과 미술 치료를 구분할 수 있는 가장 좋은 정의이기도 하다.

두 가지 범주의 공통점은 치료를 받는 당사자가 미술 활동이라는 치료 활동에 스스로 참여하고 활동해야 한다는 것이다. '주사를 대신 맞아준다고 환자의 병이 낫는 것은 아니다'라는 말과 마찬가지로, 미술 치료는 내면의 작업이므로 그 누구도 대신해줄 수 없다. 자기 자신이 치료 활동에 직접 참가해야 하는 역동적 치료 방법으로 자아 성취감을 높여준다.

또한 미술 치료는 어린아이부터 청소년, 성인, 노인 등 다양한 연령대의 사람들 모두에게 적용할 수 있다. 뿐만 아니라 육체적인 질병이나 정신적인 문제로 고통 받는 환자들, 즉 약물 중독자나 중증 말기 환자, 장애인, 어려움이 있는 가족, 죄수, 그리

● 점토를 사용해 미술 치료를 받고 있는 암·우울증 환자들
손끝에서 느껴지는 촉감과 손가락을 자유자재로 움직이는 활동, 여기에 상상력과 창의력까지 더해지는 점토 작업은 남녀노소 누구나 좋아하는 미술 치료 기법이다.

고 정서적인 어려움을 경험한 사람들에게 모두 적용할 수 있다.

미술 치료의 장점

미술 치료의 가장 큰 장점은 나이와 성별, 질병 유무에 관계없이 거의 모든 대상에게 적용할 수 있다는 것이다. 위중한 병으로 누워 지내야 하거나, 장애 때문에 미술 활동을 할 수 없는 경우를 제외하면 그렇다. 또한 나이가 어려 언어 표현이 미숙하거나, 심리적으로 아주 심한 충격을 받아 상담으로는 문제를 해결하기 힘든 상황에서도 미술 치료를 통해 내면을 드러내고 치유하는 일이 가능하다. 특히 정신과 치료에서 상담을 거부하는 환자에게 미술 치료는 상당한 도움을 줄 수 있다.

그 밖에 미술 치료의 장점을 정리하면 다음과 같다.

첫째, 미술은 심상의 표현이다

우리는 심상(image)으로 생각을 한다. 즉, 말로 표현하기 전에 먼저 심상으로 사고하는 것이다. 예를 들어 '집'이라는 단어를 말하기 전에 먼저 '집', 다시 말해 가정의 심상을 떠올린다. 이때 삶의 초기 경험이 중요한 심상의 요소가 되며, 그 심상이 성격 형성에 중요한 역할을 하게 된다. 미술 치료에서는 꿈이나 환상, 경험이 순수한 말로 해석되기보다는 심상으로 그려진다. 따라서 그린 사람의 생각이나 느낌 등의 의식 상태나 정신 세계뿐 아니라 무의식 상태까지 알 수 있다.

둘째, 미술은 비언어적 의사소통의 수단이다

우리는 어떤 의사소통 방식보다 언어를 통해 자신의 생각과 뜻을 전달하는 방식에 익숙하다. 그러나 말로 표현되는 것이 전부는 아니며, 말로 표현할 수 없는 느낌이나 생각이 더 깊고 풍부하다. 또한 자신을 감추려는 방어기제(스스로를 방어하기 위하여 자동적으로 취하는 적응 행위)도 대체로 인간의 의식 안에서 언어화 과정을 통제함으로써 이뤄진다.

그러나 미술은 비언어적 수단이므로 통제를 적게 받아 방어를 감소시킬 수 있다. 또한 언어 능력이 뒤떨어지는 유아나 장애인의 경우에는 미술을 통해 자신의 상태를 더 잘 알릴 수 있으며 내면의 상처나 강점, 능력까지 보여줄 수 있다. 자신도 알지 못하는 깊은 내면의 세계가 미술 표현을 통해 드러나는 경우로, 이를 통해 억눌린 자아를 회복하고 보다 성숙한 정신 세계를 지향할 수 있도록 해준다.

셋째, 구체적인 유형의 자료를 즉시 얻을 수 있다
미술 치료는 눈으로 볼 수 있고 만져볼 수 있는 자료를 직접 얻을 수 있다. 미술 작품이라는 매개체를 통해 치료사와 치료를 받는 대상 사이에 하나의 다리가 놓인다. 이러한 상호 작용은 치유에 큰 도움을 준다. 그리고 미술 작품은 보관이 가능하므로 이를 필요한 시기에 재검토하여 치료 효과를 높일 수 있다. 작품을 만든 사람 역시 스스로 완성한 작품을 대하면서 그 당시 자신의 감정이 어떠했는지 회상할 수 있고, 때로는 새로운 통찰을 얻기도 한다. 그림이나 조소 같은 구체적인 형태의 미술 작품이 주관적인 기억의 왜곡을 방지할 수 있는 것이다.

넷째, 자존감을 높이고 치유력을 향상시킨다
치료를 받는 입장에서는 감정이나 사고 등이 그림이나 조소와 같은 하나의 사물로 구체화되기 때문에, 스스로 자신의 변화 과정을 눈으로 볼 수 있다. 자신의 고통과 문제에 익숙해지면 스스로에게 일어난 변화를 놓치거나 대충 보고 넘기기 쉽지만, 변화 과정을 눈으로 직접 확인할 수 있으므로 희망을 갖게 하여 치료 효과를 높일 수 있다. 게다가 자신의 작품을 소중히 간직하면서 자존감을 높일 수도 있다. 또 스스로 선택한 미술 재료를 갖고 다양하게 표현하는 활동이 가능하며, 완성을 통한 성취감 및 만족감을 느끼게 한다. 실제로 처음에는 미술 작업을 달가워하지 않다가도 완성된 작품을 보며 자부심을 느끼는 경우가 많다.

　또한 미술 작업을 하고 토론하며 감상하고 정리하는 시간엔 대체로 누구나 활기찬 모습을 띠게 된다. 이때 체내의 에너지가 상승하는 것을 느끼는 사람도 많다. 이것은 단순히 신체적인 활기라기보다는 '창조적 에너지'의 발산이라고 해석된다. 이러한 창조적 에너지는 문제 해결을 위한 중요한 요소가 된다.

다섯째, 미술은 공간성을 지닌다

언어는 일차원적·시간적인 의사소통 방식이다. 반면에 미술 표현은 언어적 규칙을 따를 필요가 없고 본질적으로 공간적인 것이다. 미술의 조형 요소인 공간, 색, 선, 형태 등을 통해 상호 관계를 표현할 수 있기 때문이다. 이를테면 한 가족을 언어로 표현한다고 가정하자. 이 경우 먼저 아버지, 어머니를 소개하면서 두 분의 관계를 말한 다음 형제들과 그들의 관계, 그런 다음 이 모든 식구들과 나와의 관계를 순서에 따라 차례로 말할 것이다.

　그러나 미술의 공간성은 바로 이러한 복잡한 관계들을 한 장의 그림으로 한꺼번에 표현할 수 있게 해준다. 어떤 사람을 먼저 그렸는지, 그림 속에 표현된 가족들간의 간격이 어떤지를 보면 그린 사람의 가족 관계와 상호 감정을 한 번에 파악할 수 있기 때문이다. 또한 그들을 둘러싼 생활환경까지 그림에 표현되므로 한 가족을 입체적으로 이해하기 쉽다.

상징 언어를 알아야 마음을 읽는다

그림에 나타나는 상징 읽기

미술은 상징 언어의 대표적인 예술이다. 문자가 만들어지기 전부터 존재한 그림은 바로 인류의 역사와 문화의 흔적을 가리키며, 그 시대를 이해하는 데 중요한 역할을 한다. 즉 그림에 나타난 형상들은 화가의 그림이든 일반 사람의 그림이든, 그린 사람 개인은 물론이고 그 시대의 정신을 상징하는 것이다. 그림 언어의 상징성은 시대와 문화를 초월하는 힘을 지니고 있는데, 그것은 그림이 인류 최초의 단일 언어이며 공통 언어이기 때문이다(Riedel, 1988).

미술 치료에서 그림의 상징 언어를 읽어내는 것은 무의식을 이해하는 데 매우 중요하다. 프로이트와 융은 인간의 무의식이 표출되는 꿈이나 백일몽, 그림의 상징성을 깊이 있게 다루었다. 특히 융 학파는 그림의 상징성에 관한 연구를 통해 그림은 인간의 집단 무의식(보편적 무의식)에서 나온 인간 영혼의 커다란 방향 표시이며, 모든 시대의 종교적·사회 문화적 인식과 가치의 상징이 될 수 있다고 보았다.

그림을 통한 상징 언어는 회화를 구성하는 기본 요소인 선의 율동, 형태, 공간, 색채로 표현된다. 이와 관련하여 미술 치료에 적용되는 대표적인 상징으로는 선 상징, 형태 상징, 공간 상징, 색채 상징 등을 들 수 있다.

이 상징들이 그림에 어떻게 표현되었는지 살펴보면 그린 사람의 심리 상태를 대략 짐작할 수 있다. 일반적으로 어떤 선을 주로 썼는지, 어떤 색깔을 즐겨 쓰고, 얼마나 많은 색깔을 사용했는지, 전체적으로 어떠한 형태를 이루는지, 공간은 얼마나 사용했는지 등을 살펴 그린 사람의 마음을 읽을 수 있는 것이다.

그러나 미술 치료에서 나타나는 그림의 다양한 요소들을 일반적인 상징성에 맞춰 융통성 없이 일률적으로 해석하는 것은 치료에 아주 위험한 요인이 될 수 있다. 개인의 상황과 의도에 따라 같은 상징이라도 다른 의미를 줄 수 있기 때문이다. 예를 들어 검정색은 대체로 어두운 심리 상태를 의미하나, 당시의 유행이나 기분에 따라 검정색을 사용할 수도 있다. 그러므로 검정색을 많이 썼다고 해서 무조건 그 사람의 심리 상태가 무겁고 어둡다는 결론을 내리는 것은 위험한 발상이다. 이러한 오류를 피하려면 먼저 충분한 대화를 통하여 그들이 표현한 상징들의 의미를 파악하거나 재인식하는 것을 놓쳐서는 안 된다.

각각의 상징에 대해 구체적인 내용을 하나하나 짚어보기로 하자.

공간 상징

공간이란 인간이 존재하고 있는 세계를 인식하는 근거이며, 우주에 관한 신비를 탐구하는 기본적인 틀이다. 동양에서는 음양오행의 원리에 따라 우주의 질서를 이해하였다. 인간이 존재하는 공간은 하늘과 땅으로 이뤄졌으며, 하늘은 둥글고 땅은 네모난 것으로 받아들였다. 기본 공간은 오방(五方), 즉 동서남북과 중앙이었다(구미래, 2000).

서양에서는 기독교의 십자(+) 형태를 신이 우주에 각인한 공간의 기본 도식으로 받아들였다. 십자형은 예수의 희생을 상징하며, 남성성과 여성성이 하나로 통일되는 것을 상징하기도 한다(Koch, 1977). 융 학파인 프라이(Frei)는 십자형은 육체와 정신, 하늘과 대지, 과거와 미래, 개인과 공동체 사이를 펼쳐놓은 것으로 보았다. 그의 이론에 따르면 인간은 십자형이 지닌 이러한 다양성을 조절하고, 극(極)의 대립을 수긍

하기 위하여 극들 간의 긴장 속에서 전력을 다하고 있는 것이며, 이러한 극을 의미 있게 연결함으로써 인간의 목적인 자기(自己)를 발견하게 된다는 것이다.

풀버(Pulver)는 십자축에 의한 공간 상징을 역설하였다. 그는 공간의 왼쪽은 자신의 과거와 관계된 민감한 영역을 의미한다고 보았다. 반대로 오른쪽은 타인과 미래나 목표에 관계된 민감한 영역으로 보았다. 공간의 위쪽은 초개인적인 의식화, 지적 형태와 형상을 의미하며, 중앙은 개인적인 일상의 의식 상태와 자아 경험 영역을, 그리고 아래쪽은 물질적·육체적·육감적·성적 내용과 무의식에서 나온 집단적 상징으로 보았다.

바흐(Susan Bach)는 중환자들의 그림에 나타난 사물의 위치에 따라 그림과 환자의 상태를 진단하였다. 사물이 공간의 왼쪽 윗부분에 놓이면 환자의 병이 점차 삶

풀버의 십자축에 의한 공간 상징

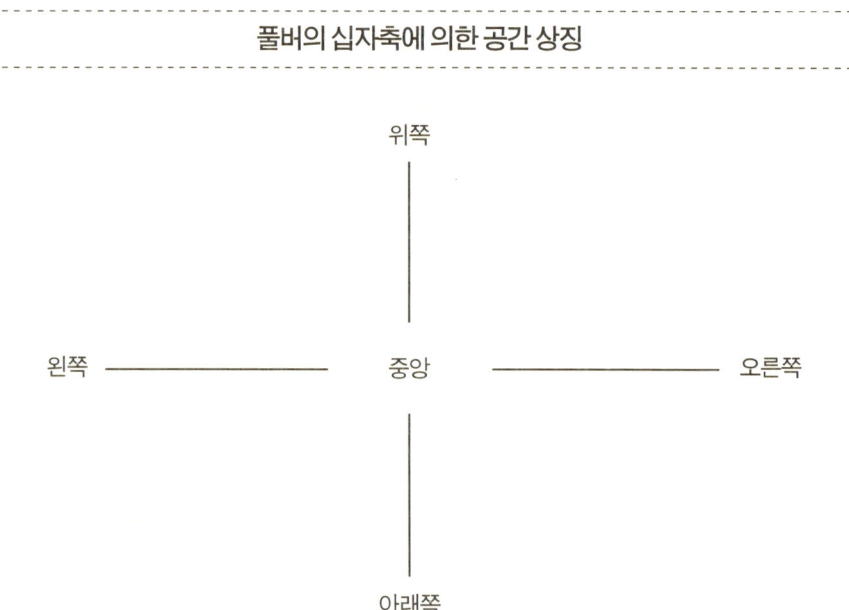

과 결별하는 것을 암시한다고 보았으며, 왼쪽 아랫부분에 놓이면 마음이 어둡고 병이 악화되는 경향을 보인다고 여겼다. 반대로 오른쪽 윗부분과 아랫부분에 사물이 있으면, 현재의 상태를 나타내거나 미래의 가능성을 엿보는 것으로 파악하였다.

이렇듯 공간 상징에 대한 연구는 다양하게 개발되고 있으며, 치료사들의 관점에 따라 적용하는 방식도 조금씩 다르다. 그러나 공간이 지니는 공통적인 의미를 파악하

바흐의 공간 도식과 상징

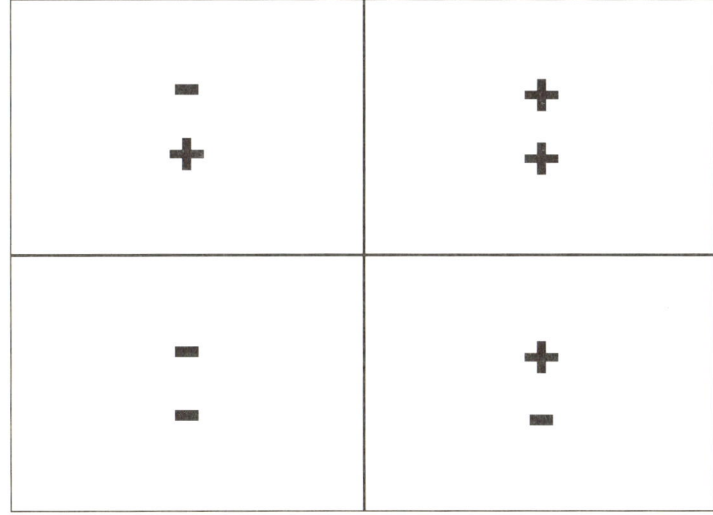

- 환자의 병이 점차 삶과 결별하는 것을 암시(영원하고 신비한 내적 추구 의미)
- 여기와 지금(here and now)의 상태를 암시
- 어둡고, 알려지지 않은 영역으로 나감(악화되는 경향)
- 이미 치료한 영역에 있는 과거의 신체적 상태이거나 심리적으로 의식화에 다가가는 것을 나타냄(미래의 가능성)

† 중환자들의 자율적인 그림에서 나타난 사물의 위치에 따라 그림과 환자를 진단한다. 중심 또는 중심 근처가 비어 있거나 채워지지 않은 그림은 시사하는 바가 많다.

면 그림이 주는 공간적인 의미를 좀 더 잘 이해할 수 있다.

일반적인 공간 사용의 의미를 보면, 마음이 건강한 사람일수록 공간을 많이 사용한다. 공간을 70% 이상 사용한 사람들이 30% 이하로 사용한 사람들보다 정신적으로 더 건강하다고 한다. 우울하거나 진단 및 치료 동기가 매우 낮은 사람들은 공간을 아주 제한적으로 사용하며, 미술 치료 자체를 거부하거나 저항하는 사람들도 같은 행동을 보인다.

반면 도화지를 100% 이상 쓰는 사람들은 공간을 과도하게 사용한 것으로 본다. 조증 삽화(Manic Episode)를 겪는 환자들이나 충동 통제에 문제가 있는 환자들이 이런 경향을 보인다. 이러한 환자들은 과잉 활동적이고 주의집중에 문제가 있으며, 정서적으로 불안정해서 쉽게 감정이 폭발하기도 하고 급작스럽게 우울해지기도 한다.

공간을 70% 정도 사용했을 때는 종이에 그려진 대상의 위치가 그다지 중요한 문제가 아니다. 그런데 항상 같은 위치(중앙 또는 왼쪽, 오른쪽)에만 그림을 그린다면 경직성이나 자기중심성을 가진 것을 알 수 있다. 이런 사람들은 문제 해결 방식이 경직되어 있고 대인 관계에 어려움이 있으며, 의심이 많거나 회피적이고 변화에 둔감할 수 있다. 반면 아동의 경우에는 자기중심적 경향성이나 고착, 특정 도식의 연습 과정을 나타내는 것으로, 이는 아동의 발달 단계에서 흔히 보이는 정상적인 반응이다.

도화지의 중앙에 그림을 그리는 행동은 가장 평범한 것으로 정상인에게서 자주 볼 수 있으며, 대부분의 연령대에서 나타난다. 화면의 아래쪽에만 그리는 경우는 우울한 경향과 관련이 있다. 또 화면의 위쪽에만 그리는 것은 기분이 들떠 있거나, 아니면 침체되어 있다는 사실을 과도하게 숨기고자 하는 뜻이 담겨있다. 그리고 생각이 불안정하거나 목표를 높게 잡고 있는 경우에도 위쪽에 그림을 그린다.

도화지의 한쪽 구석에만 그려진 그림은 대개 비관, 우울, 자기 비하나 우유부단을 의미한다. 의기소침하고 자신감이 없는 사람들이 주로 이런 그림을 그린다. 가장자리만 사용하는 사람들은 자주 불안해하거나 의존적인 성향을 보이는 경우가 많다.

색채 상징

우리는 수많은 색채들 속에 살고 있다고 해도 과언이 아니다. 눈이 닿는 곳 어디나 갖가지 색채들이 제 나름의 빛깔을 뽐내고 있다. 눈이 시리도록 푸른 가을 하늘과 한여름에 피어나는 붉은 장미, 초봄에 돋아나는 연두색 새싹, 추운 겨울에 따스함을 더해주는 하얀 눈처럼 자연 속을 들여다보면 온통 화려한 색채로 가득 차 있다. 그뿐 아니라 자연의 색을 생활에 응용한 갖가지 생활 도구들, 신호들 역시 각자의 색깔을 띠고 있다.

이처럼 색이 없는 세상은 상상하기 힘들다. 태초부터 인간의 주변을 둘러싸고 있는 갖가지 색들은 의식적 혹은 무의식적으로 인류의 생활에 영향을 주었다. 시대와 장소를 초월하여 정치, 종교, 문화, 예술 등에 중요한 상징적 의미를 내포하고 있는 것이다. 또한 자연을 통하여 체험하게 된 색에 대한 상징성에 대한 탐구는 수세기에 걸쳐서 다양한 문화와 종교와 민족들 사이에서 이루어졌다.

이렇듯 색채에 대해 꾸준히 연구하여 색은 감각의 변화를 일으키고 인간의 기분, 정서, 불안이나 편안함에 영향을 미치며 나아가 육체적 상태를 진단하고 치유하는 능력을 발휘한다는 결론에 도달하였다.

미술 치료에서는 색의 일반적 상징, 심리적 진단 및 치료 기법으로서의 가능성을 다루고 있다. 따라서 각각의 색채가 지닌 고유한 상징성을 알아보는 것이 필요한데, 중요한 것은 각 개인에 따라 그 의미는 달라질 수 있다는 점이다. 일반적으로 색의 고유한 상징은 많은 부분이 문화의 영향을 통해 축적된 것이다. 하지만 문화의 영향을 떠나서 각자 자신의 감정을 표현하는 시각 언어를 갖고 있기 때문에 개인마다 표현하는 색의 의미가 다르다.

한편, 색채는 정서나 그린 사람의 성질을 가장 잘 반영해준다. 일반적으로 여성이 사용하는 색채는 남성이 사용하는 색채보다 더 강렬하면서 지속적이다. 그림 속에 나타난 색채는 그린 사람의 정서와 일반적으로 일치하므로, 전반적인 색채 사용 경향을 보면 그 사람의 정서 상태를 파악할 수 있다.

　색을 통한 감정 표현에는 옳고 그른 게 없다. 각자 색이 주는 느낌에 대한 탐색을 진행하다 보면, 여러 색 중에서 특별히 어떤 색을 더 좋아한다거나 색채 사용이 시간에 걸쳐 변화하는 것을 보게 될 것이다. 만일 어떤 사람이 한 색만 골라서 오랫동안 사용하고 있다면 그 사람의 삶이 균형을 이루지 못하고 있음을 의미한다. 이러한 관점에서 색이 주는 의미를 고려하는 것은 미술 치료에서 중요하다.

　지금부터 각각의 색이 나타내는 상징과 치료 효과를 알아보자.

빨강 불과 태양을 상징하여 따뜻함과 온기를 대변한다. 또 피를 상징하고 건강과 생명을 나타내며 나아가 열정, 활력, 에너지, 사랑과 에로스를 뜻한다. 파랑이 정신적·수동적 상징인 반면, 빨강은 물질적·능동적인 것을 상징한다.

　빨강을 좋아하는 사람들은 외향적이고 역동적이며 충동적인 성향인 강하다. 이런 성향의 사람들은 삶을 즐기는 낙천성을 가지며 항상 즐거운 기분을 유지하려 한다. 대개 신체적 활동, 모험, 운동 경기 등의 외적인 활동을 즐긴다. 또한 흥분을 잘하고 성격이 급하며 공격적인 성향이 강한 반면, 객관적인 면이 적고 단순한 경향이 있다.

　빨강을 싫어하거나 거부하는 사람들은 어머니나 모성적인 관계에 부담을 갖고 있으며, 빨강이 주는 사랑과 열정 같은 심리적·정서적 영향을 충분히 체험하지 못한 것으로 추측할 수 있다. 너무 생각이 많거나 움츠리는 성향이 있거나 냉담한 사람은 빨강을 기피한다.

치료효과_ 부부 관계나 성적인 것에 무관심한 사람에게는 빨강의 자극이 필요하다. 임신과 생리에 문제가 있는 여성이라면 빨강색 옷을 입거나 침실의 전등 색을 빨강으로 바꾸는 게 좋다. 무감각하고 냉정하며 생각이 지나치게 많은 사람에게도 빨강이 도움을 줄 수 있다. 빨강색을 사용하면 어떤 활동에 동기 유발을 얻게 되며, 용기를 얻고 몸을 움직여야 하는 일을 새롭게 시작할 수 있다. 또한 불안을 떨치고 관계나 상황에 안정감을 얻는 데도 도움이 된다.

주황 노랑과 빨강의 혼합색으로 따뜻함과 활동성과 호기심을 상징한다. 또한 영감과 유쾌한 자극을 줄 수 있는 외향적인 색으로 축제와 즐거움과 충만함을 상징하기도 한다. 그리고 빨강과 마찬가지로 불을 상징하는데, 주황색의 불은 사랑과 자비와 온기를 의미한다. 떠오르는 태양과 일몰을 상징하는 이 색은 종교적 깨달음의 색이기도 하다.

주황은 심리적으로 따뜻하고 명랑한 효과를 나타내며 흥분을 자아내기도 한다. 또 심리적으로 깨어 있게 하며, 마음의 갈등을 이완시키고 온화함을 더해준다. 반면에 피상적이고 변덕스러울 때가 있으며, 불안을 유발시키거나 경계의 의미를 나타내기도 한다.

평소 주황을 너무 많이 사용하거나 주황색 옷만 골라 입는 행동은 빨강과 노랑이 주는 자극적인 면에 대한 욕구가 크다는 것을 나타낸다. 주황을 좋아하는 사람들은 친구 관계가 좋고 다른 사람에게 잘 적응한다. 예의가 바르고 심사숙고하는 편이며 성격이 밝고 명랑하여 사회생활에서 인기가 있다. 그러나 한 집단에서 자신이 아닌 다른 사람이 관심의 대상이 되는 것을 그다지 좋아하지 않는다. 오직 자신만이 남들로부터 인정받거나 주목받고 싶어 한다.

치료효과_ 주황색은 침울하고 우울한 사람에게 도움이 되며, 무기력하고 무감각한 사람들에게 필요하다. 주황색 옷을 입거나, 주황색으로 낙서를 하거나 그림을 그리면 긍정적인 변화를 일으킬 수 있고 사회성이 발달한다. 특히 호흡이 짧은 사람이나 간질 환자에게 필요한 색이다.

노랑

괴테의 색채론에 따르면, 노랑은 그 색이 지닌 더할 수 없이 높은 순수함에서 항상 밝음의 본성을 내포하고 있다. 그리고 명랑하고 유쾌하고 다채로우며, 부드러운 자극을 주는 특성을 지니고 있다. 노랑은 태양을 상징하며 명랑함과 즐거움을 의미하는데, 빨강의 감각적·정서적인 면보다 정신적인 영역에서 따뜻함의 의미를 가진다.

노랑은 지성적이며 이성과 관계있는 색으로, 노란색 성향의 사람들은 일반적으로 정신적 수용 능력이 높고 명쾌한 사고를 하며 높은 이상을 가진다. 반면 책임을 회피하려는 경향, 질투심과 시기심, 적대적 행위와도 연관이 되며, 유아적 행동을 의미하기도 한다.

특별히 노랑을 좋아하는 사람들은 변화를 즐기며, 지적 영역에 대한 모험심이 많고, 새로운 것과 자기 성취를 추구한다. 또 철학적이며 다양한 종교와 세계관에 관심이 많다. 한편으로는 정신분열증 환자들이 선호하는 색이기도 하다.

노랑을 기피하는 사람들은 자신의 내면을 깊이 들여다보거나 자신만의 동기를 찾는 데 두려움을 가질 수 있다. 이런 사람들은 자신만의 생각에 빠지기 쉬우며 불쾌한 생각들을 밀어내려 한다.

자신이 기대하는 바를 전혀 이루지 못할 때에는 노랑이 싫어지며, 노랑을 거부함으로써 실망과 손실과 소외를 무의식적으로 방어하거나 손실을 보상하려고 한다. 이러한 심리 상태일 때에는 노랑이 위선적이고 피상적인 느낌을 준다.

치료효과 노랑은 왼쪽 뇌를 자극하는 색으로 학문이나 지적인 일을 하는 데 도움이 된다. 정신력을 강화하고 기억력과 지적 학습을 개발하는 목적을 가지는데. 현실성이 너무 적거나 보호를 많이 받지 못한 사람들을 개선하는 데도 도움이 된다. 긍정적인 에너지를 얻거나 생각을 정리하고 정보를 기억할 때 노랑을 사용하거나 노랑을 상상하면 좋다.

초록 자연의 기본 색으로 식물을 상징하며 봄을 나타낸다. 조화의 색으로서 희망, 평화, 개혁과 부흥을 상징한다. 또한 초보자, 신참자를 뜻하며 청년, 약혼한 처녀, 새 신부의 색이다. 때에 따라서는 미성숙을 상징하기도 한다. 종교적으로는 화해의 색이며 위로자, 성령의 색이기도 하다.

초록은 심리적으로 조화롭고 균형 잡힌 효과를 주며, 마음을 진정시키고 평화로운 느낌을 불러일으킨다. 또한 내적으로 물러설 수 있는 능력과 집중력을 주며, 쉽게 흥분하지 않도록 조절한다. 초록은 모든 색 중에서 가장 편안한 느낌을 주면서 마음을 진정시키는 효과가 있다. 이것은 신경계에 도움을 주어 균형과 평형을 갖게 하는 역할을 하며 심장의 박동을 고르게 한다.

초록을 좋아하는 사람들은 유순하고 성실하며, 참을성이 강하고 겸손하여 집단생활을 잘한다. 삶과 사람에 대한 개방적인 성품을 가진다. 그러나 초록색 옷만 즐겨 입거나 주변 환경을 온통 초록색으로만 치장하는 사람들은 무의식적으로 불안에 시달리는 경우가 많다. 즉 불안하고 적대적인 환경에서 벗어나기 위해 조화와 균형의 색인 초록에 집착하는 모습을 보일 가능성이 크다. 이런 사람에게는 빨강이 필요하다고 할 수 있다.

치료효과 초록은 고요함과 부드러움을 가지고 있어서 인간을 치유하는 효력이 있다. 그리고 심신을 균형 있고 조화롭게 하며, 긴장된 눈을 이완시킨다. 시력이 약한 사람들은 초록색을 자주 보는 것이 좋다. 그러나 초록색을 너무 가까이 하면 기분이 저하되어 우울해질 수도 있다. 초록은 미술 치료에서 꼭 필요한 색이다. 특히 불안 증세를 보이는 사람, 현실성과 지구력이 약한 사람, 억압과 압박을 많이 받는 사람, 조화를 얻기 어려운 분열된 사람, 정신이 혼란한 사람, 운동성이 강한 사람에게 필요하다.

파랑

불가사의한 색으로 누구라도 쉽게 좋아하는 색이다. 생명이 푸른 바다에서 탄생한 것에서 알 수 있듯이 파랑은 근원이나 탄생을 상징한다. 또 용기나 희망, 이성이나 지성을 상징한다. 감각적 에로스의 빨강에 비해 정신적 에로스의 성격을 띤다. 따라서 비현실적인 것, 비물질적인 것, 추상적인 것을 상징하며 우주적인 것과 영원성을 상징한다.

자연계에서 주로 많이 접하는 파랑은 하늘이나 바다인데, 이것은 감정을 조정하고 순응시키는 작용을 하고 심신을 편안한 상태로 안정시키며 시원하게 한다. 색채 중에서 감각적인 자극이 가장 약하면서 정신 자극은 가장 높아 신경조직을 편안하게 한다. 따라서 피로하고 병이 있을 때 파랑에 대한 욕구가 커진다. 이때는 파란 옷을 입거나 파란색 물건을 사용하도록 권한다.

파란색을 선호하는 사람들은 의무를 잘 지키고 양심적이며 심사숙고하는 성향이 있어서, 자기 관찰과 내적 통찰력이 뛰어나고 성격이 침착하다. 집단생활에 잘 어울리며 친구들에게 신의가 있고 감성이 풍부하면서 지혜로우며 자기 통제를 잘 한다. 그러나 파랑을 좋아하는 사람들은 걱정을 많이 하는 경향이 있다.

파랑에 집착하는 사람들은 완고하고 엄격하며 과거에 매달리거나 독선적이기도 하다. 반면 휴식과 신뢰, 깊은 결속에 대한 욕구가 충족되지 않거나 장기간에 걸쳐 스트레스와 자극을 받는 사람들은 종종 파랑을 거부한다.

치료효과 파랑은 신경조직을 편안하게 해주므로 일반적으로 몸이 피로하고 병이 있을 때 파랑을 찾게 된다. 파랑으로 종이에 원을 그리거나 낙서를 하면 신체가 이완되고 마음이 고요해진다. 파란색을 많이 사용하면 어려운 상황에서도 인내심을 갖게 되고, 또 문제 해결력도 생긴다. 그러므로 영적 발전을 지속시키는 치료에 적용하면 좋다. 남색은 고요함과 편안함을 주는 색으로 사고와 정서의 조화를 이루게 해주며, 정신적 이해력을 넓힌다. 하지만 너무 자주 남색 옷을 입거나 사용하면 고립적인 경향이 될 수도 있다. 터키색은 자신감과 안정을 주는 색으로, 불안한 상황이거나 수줍어하고 타인들 앞에 자신을 개방해야 하는 사람들에게 필요하다.

보라 파랑과 빨강의 혼합색으로, 두 가지 색깔의 상징인 자극과 억제를 동시에 지니고 있다. 일반적으로 슬픔과 고통을 상징하며, 기독교에서는 참회와 단식의 상징으로도 쓰인다. 흔히 보라색이 초조, 정서 불안의 색으로 연상되는 것은 이 같은 이중성이 있기 때문이다. 정신 병동에 있는 환자들은 대개 보라를 선호하며, 일반 사람들에게는 억제의 색으로 인식되어 있다.

보라색은 호흡이 짧은 사람에게 평온함을 준다. 그리고 분주하고 서두르며 기분이 불협화음인 사람에게는 마음의 평정을 찾게 해준다. 또한 보라색은 직관적·감각적 이해와 파트너와의 일치를 바라는 긍정적인 경향을 갖고 있으며, 반대로 퇴행적 도주와 도피하려는 경향, 미결정과 미분화의 부정적인 경향도 있다.

보라를 선호하는 사람들은 감수성이 풍부하고 신비주의적 집단이나 종교 영역에 관심을 가진다. 보라를 기피하는 사람들은 타인과 융화하고자 하는 동경을 자주 억누르는 경향이 있다.

치료효과_ 보라색이 필요한 사람은 정신분열증 환자, 의기소침하고 우울증 증세가 있는 사람, 감정 기복이 심한 사람 등이다. 특히 신경성과 심경의 변화가 심한 사람, 숨을 내쉬는 데 어려움이 있는 사람에게는 파란 톤의 보라색이 쓸모가 있다. 그리고 붉은 톤의 보라색은 신진대사의 변화가 심한 사람에게 좋고 숨을 들이쉬게 하는 데도 도움이 된다. 보라색으로 낙서를 하면 정서와 에너지를 얻어서 창의성을 높이고, 직관력과 개성을 개발할 수 있다.

갈색

따뜻한 갈색과 차가운 갈색으로 나뉜다. 따뜻한 갈색은 생명과 따뜻함을 나타내는 대지를 상징한다. 이 색은 생산력과 어머니의 모성적 힘과 자연과의 일치를 상징하여 자연의 비옥함을 대변한다. 반면 차가운 갈색은 불모의 대지를 연상시켜 퇴락하는 자연, 단단한 대변의 색, 배고픔, 경멸과 무시당하는 느낌을 상징하기도 한다. 또 엄격한 교육과 훈련, 그리고 결벽증을 표현하기도 한다.

갈색은 심리적으로 수용적이며 수동적인 느낌을 준다. 갈색을 선호하는 사람들은 행동과 이해가 다소 느린 편이나, 인내력과 지구력이 있어 마지막에는 자신이 원하는 것을 성취하는 경향을 보인다. 반면, 운동성이 적고 적응 능력이 결여되어 있다. 갈색을 검정색과 함께 사용하면 불안과 우울 증세를 나타내는 것이다.

갈색 옷을 좋아하는 사람들은 감각적이고 성적인 부분에 관심이 많다고 볼 수 있다. 그러나 갈색만을 고집하는 사람들은 지나치게 무게를 잡고 답답하다. 또한 개성이 약하고 남의 눈에 띄는 것을 싫어하며 나태한 경향이 있다.

갈색을 기피하는 사람들은 그다지 건강하고 만족스러운 육체를 느낄 수 없기 때문에 신체 감각이 강한 편이 아니다. 이 경우는 편안하지 못한 몸의 상태를 의미한다.

치료효과 갈색은 흙을 접하기 어려운 현대인의 치료에 필수적이며, 특히 갈색의 점토는 미술 치료에서 중요한 소재이다. 그림에 갈색이 많이 보이는 것은 우울하거나 성장 과정에 억제의 경험이 많음을 나타내며, 부정적 모성 콤플렉스에 매여 있다는 것을 보여주기도 한다. 갈색은 치료적 측면에서 신경과 감정이 양극화하는 경향이 있는 사람, 피상적인 사람에게 권할 수 있다. 우울증이 있거나 췌장에 문제가 있는 사람에게도 유용하다.

검정

밤과 어둠을 상징하며 그림자, 동굴, 지옥, 암흑의 공포 이미지를 가진다. 불경기가 되면 여성의 입술이나 옷 색깔이 어두운 쪽으로 바뀌는 것도 이 때문이다. 검정은 자기 방어와 자극적인 영향 억제, 폐쇄성, 포기를 상징한다. 또한 외부와 차단하는 경향이 있어서 우울 성향, 통제된 욕구 및 지적 능력과 관계가 있다.

한편, 동양화에 주로 쓰이는 먹색은 같은 검정색이지만 담묵을 만들기 위해 여러 번 겹쳐 쓰면서 만들어진 색이다. 그러므로 움직임을 남기는 색이며 완전한 것으로 가기 직전의 투사의 이미지가 있다. 따라서 먹으로 표현되는 검정색은 정신을 깨어 있게 하며 마음을 안정시키는 효과를 준다.

검정을 좋아하는 사람들은 반항적인 성향이 있으나, 포기를 잘하여 많은 것을 운명에 맡기는 경향이 있다. 검정 옷을 즐겨 입는 사람들은 자신이 교양 있고 흥미로운 사람이라는 인상을 주고 싶어 한다. 그러나 검정 옷만 주로 입는 경우는 내면의 소원과 속세적 욕구들을 감추거나 억누르는 것을 의미한다.

자의식이 강한 사람들이 그림을 그릴 때 자신이 원하거나 경험했던 중요한 것을 검정색으로 강조하는 경우가 있다. 하지만 검정색을 너무 많이 사용하거나 그림을 검정색으로 덧칠하는 것은 심리적으로 억제, 불안, 슬픔 혹은 분노를 가지고 있는 경우라고 짐작할 수 있다. 또 사람을 그리면서 신체 일부분에 검정색을 자주 사용한다면 그 부분에 기능상 문제나 장애가 있음을 생각해볼 수도 있다.

치료효과 _ 미술 치료에서 검정은 일반적으로 권장되지 않는다. 그러나 검정으로 자신의 슬픔, 우울 등의 감정이나 억압된 정서를 표현하려는 사람에게는 자신의 상황을 자유롭게 표출할 수 있는 기회를 줄 수도 있다. 검정을 사용함으로써 카타르시스를 느낄 수 있기 때문이다.

흰색 빛과 밝음을 상징하며, 신의 존재를 의미한다. 빛의 색으로 상징되는 흰색은 깨달음, 부활, 그리고 완전성을 나타낸다. 흰색은 모든 것을 희생하면서 어떠한 힘도 요구하지 않을 준비가 되어 있는 색으로 받아들여지므로 포기를 의미하기도 한다. 또한 삶의 다채로움을 거부하는 무채색으로 생명의 결핍, 감정의 결여, 엄격함, 절망을 뜻한다. 종교적으로는 고행과 금욕을 상징하며, 나아가 죽음을 의미하기도 한다.

한편 흰색은 죽음과 탄생의 양면성을 지닌 색이다. 동양에서는 초상이 났을 때의 색이지만, 서양에서는 새 삶을 시작하는 신부의 색으로 순결이나 결백을 상징한다.

심리적으로는 개방과 자유로움, 내적 정화의 작용을 하여 순수, 신선, 솔직함을 표현한다. 또 절대적인 커다란 침묵으로 모든 표정과 본질이 사라져버린 세계를 상징한다. 자기 고유의 색을 보이지 않는다는 것으로 무관심을 나타내기도 한다.

흰색을 지나치게 선호하는 것은 내적 동요가 숨겨져 있으며, 그러한 내면으로 자신을 숨기는 것이라고 할 수 있다. 항상 흰색만 입는 경우는 미성숙한 인성을 보여주거나, 완벽주의 경향을 가지거나, 실천 불가능한 생각을 가지고 있다는 것을 간접적으로 나타낸다. 흰색을 다른 색과 섞어 입으면 생동감 있고 평형을 유지하는 성향을 의미한다.

*치료효과*_ 흰색은 일반적으로 머리가 멍하거나, 혹은 마음이 편안할 때 사용하게 되는 색이다. 마치 텅 빈 백지를 대하는 듯한 느낌을 주므로, 머릿속이 복잡하거나 불안감이 있을 때 흰색이 도움이 된다. 또 새로운 일을 시작할 때 흰색을 사용하면 도전 의식을 높일 수 있다.

회색

검정과 흰색이 혼합된 무채색으로 미분화, 안개, 스모그, 먹구름의 색이다. 회색은 반대와 대립되는 것을 피하는 색이며 수동적이다. 이 색은 주저하고 삼가는 특징을 지니며 조용함의 상징이기도 하다. 또 통제와 극단적인 것을 조정하는 색이며, 우울함을 나타내고 공격적 표현을 억제하는 색이기도 하다. 회색은 변화를 바라지 않는 색이며 생동감을 거부하는 색이다. 이 색은 침착하고 흥분하지 않는 색으로 조심성을 가지고 극단에서 균형과 타협을 찾는다. 그러나 사람의 아우라에서 회색이 보이면 병이 있다는 표시이다.

회색을 선호하는 사람들은 흥분과 자극을 회피하며, 칭찬이나 인정받는 것에 상관없이 열심히 일하며 사업을 잘한다. 그래서 회색을 너무 좋아하면 일 중독자가 되기도 한다. 또한 아무 근심 걱정 없이 여유롭게 살고 싶어 하는 노인들이 즐기는 색이기도 하다. 회색을 좋아하는 사람들은 변화를 달가워하지 않으며 은폐하고 가리는 성향이 있다.

치료 효과 흥분된 기분을 가라앉히거나 과도한 생각을 자제하기 위해서는 회색과 관련된 생각을 많이 하도록 권할 수 있다.

Tip 색 사용에 따른 경향 읽기

- **한 가지 색에 다른 색을 중첩한 경우** : 먼저 칠한 색은 내면의 심리적인 투사이고, 중첩된 색은 외면적인 행동의 경향이다.
- **혼색하는 경우** : 감정을 자유롭게 표현하는 경향이 있고 외향적이며, 적극적인 경향이 있다.
- **여러 색을 아무렇게나 섞는 경우** : 퇴행, 욕구, 좌절에 대한 공격적인 반응이다.
- **색을 분리해서 칠하는 경우** : 자기 감정을 억제하며, 주변의 기대에 맞추어 자신을 통제하는 경향이다.
- **색을 지나치게 많이 사용하는 경우** : 열 가지 색깔 중에 여덟 가지 이상의 색깔을 쓴다면 이는 주로 분노의 감정이나 공격성, 활발함, 생기발랄, 주의력 결핍, 과잉행동 등을 의미한다.
- **색을 지나치게 적게 사용하는 경우** : 기껏해야 한두 가지 색만 사용하는 것은 정서가 제한되었음을 의미한다. 자신에 대해 비관적이거나 자기 비하 경향이 있고 우울하다.

선 상징

선은 점이 연속적으로 연결되어 나타나는 것으로 문자와 그림의 기본 요소이며 색채, 형태와 더불어 회화의 기본을 이루고 있다. 유아들은 자신의 손에 의해 '움직이는 점의 현상(Klee, 1987)'을 발견하면서 놀라운 집중력과 에너지로 자신들의 역동적인 상태를 선으로 표현한다. 이러한 선의 작업은 난화(선으로 아무렇게나 긁적거린 그림)로서 유아기에 오랫동안 유지되고 변화하면서 그림의 바탕을 이룬다.

예술 작업을 하다 보면 선이 나타내는 힘, 속도, 장단, 방향, 강약, 율동성 등에 의해서 그 의미와 해석이 달라질 수 있다. 동양에서는 필체에 따라 인성과 성품을 판별하며, 서양에서는 동양만큼의 비중은 아니지만 선을 회화의 중요한 기초로 받아들인다. 선은 그림에서 역동성을 불러오는 요인이며, 그러한 역동성이 지니는 상징적 의미를 전달한다.

선은 모든 대상이 그린 그림의 의미를 읽는 중요한 도구로서 운동성, 목적과 방향성, 활기와 허약함, 자극성과 역동성 등 선을 그리는 사람의 심리적 상태와 신체적 상태까지 모두 표현할 수 있다.

선의 형태에 따른 상징적 의미와 심리적 특성
- 대각선: 에너지가 넘치는 표현, 상승 혹은 추락, 패배 혹은 승리, 역동성
- 수직선: 바로 서 있는 것, 조용한 침착성, 현세와 신성의 결합
- 수평선: 고요, 편안함, 현세적, 모성적 에너지, 현세와 신성의 결합
- 물결선: 상하의 운동성, 감각적 민감성
- 원·반원: 고요, 보호, 영원성, 완벽성, 초월, 자기 체험, 운동성
- 강한 선: 창의적 힘, 내면에 영향을 미치는 독창적 힘
- 가는 선: 의지박약, 자주 힘이 없음

선 상징

대각선	수직선	수평선
물결선	원·반원	강한 선
가는 선	엉켜 있고 헝클어진 선	격렬한 선

- 엉켜 있고 헝클어진 선: 절제되지 않은 강한 본능, 격앙과 흥분을 나타냄
- 격렬한 선: 난폭성

형태 상징

형태 또한 미술의 기본 요소이며 다른 구성 요소와 긴밀한 상호 관계를 맺고 있다. 칸딘스키(Wassily Kandinsky)는 모든 형태는 자기의 내적 반향을 가지고 있으며, 그 형태와 같은 성질의 정신적 실체, 내적인 내용을 가지고 있다고 보았다. 형태 자체의 주관적인 특성을 지니고 있다는 것이다. 모든 형태는 방향성을 가지고 있다. 그리고 한 형태의 방향은 미술 작품의 주된 축인 수평과 수직에 의해서 결정된다. 사각형은 명확한 수평과 수직의 구조를 지님으로써 안정되고 평온하며 단순한 효과를 주는 반면, 마름모는 경사진 변들을 지니고 있음으로써 역동적이며 덜 단조롭다.

형태가 외적인 것만을 나타내는 것이 아니라, 내적인 내용을 표현한다는 것은 미술 치료의 관점에서도 중요한 것을 암시한다. 형태는 색채에도 영향을 미치며 색채와 상호 작용의 관계를 가진다. 기본 형태가 지니는 각각의 상징성들은 다음과 같다.

역동성 및 균형을 이루는 능력, 삼각형

삼각형은 각이 있는 형태 중에서 가장 기본이 된다. 두 개의 대각선을 가지고 있으며 형태도 다양해서 기본적인 기하 형태에서 가장 역동적인 형상을 지닌다. 인간의 출생, 삶과 죽음, 혹은 청년기와 중년기와 노년기를 의미하며, 시간적으로는 과거와 현재와 미래를 연결한다. 이런 점에서 삼각형은 역동성을 지니고 있으며, 역동성에서도 균형을 이루는 능력이 있다.

각 삼각형의 형태에 따라 의미가 다른데, 꼭짓점이 아래로 향한 역삼각형은 여성

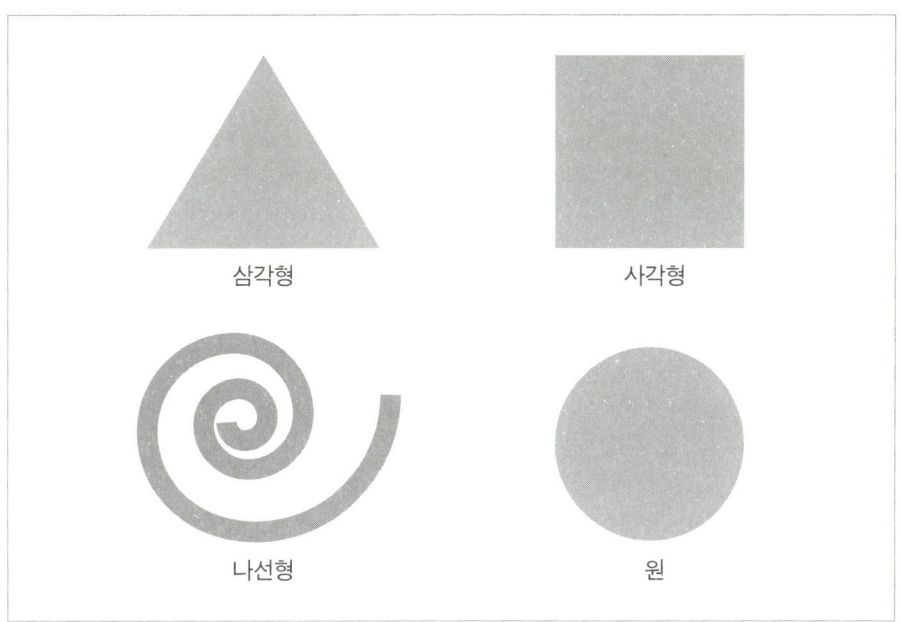

적 · 수동적인 힘, 변화, 물, 무의식, 하늘의 은총, 잠재력, 음(陰)을 상징한다. 반면 꼭 짓점이 위로 향한 피라미드형 삼각형은 남성적 · 창의적 힘, 생동력, 불, 생명력, 변화, 리비도(libido), 창의성, 양(陽)을 상징한다. 이 삼각형은 삶과 죽음, 재생을 다루며 새로움과 창의성의 분출을 나타내고 그에 따라 자의식을 암시한다.

편안하고 안정감을 느끼게 하는, 사각형
사각형은 인간의 생활과 아주 깊은 연관을 가진 형태이다. 편안하고 안정감을 느끼게 하는 형태로 대지를 상징하며 단단함과 무거움과 고요를 의미한다. 또한 건축에서 기본이 되는 형태로 건축의 평면을 이루며, 삼각형과 달리 구체적이며 명백함을 나타내고 근원적이며 물질적이다.

사각형은 숫자 4와 긴밀한 관계를 지니고 있는데 4방위, 4계절, 4원소, 4기질 등이 그러하다. 종교적으로 삼각형이 신성을 말한다면, 사각형은 인간적인 것을 뜻한다. 정사각형이 원 안에 있으면 땅과 하늘의 결합, 자신이 가진 에너지의 충만함과 정화를 상징한다. 원과 더불어 만다라의 기본 형태이기도 하며, 철학자 플라톤은 정방형을 완벽한 미(美)라고 하였다.

사각형은 긍정적인 의미에서는 고요와 휴식을 주고, 놀이나 집회를 위한 공간으로서 공동체 의식이나 소속감을 준다. 반면, 부정적으로는 폐쇄적이거나 답답한 공간, 심지어 감옥과 같은 의미를 지니기도 한다.

보호 기능과 안전함의 기능을 지니는 사각형은 정돈의 욕구를 가진 사람의 그림에도 자주 등장한다. 이는 항상 주변이 반듯하게 정리가 되어야 안정감을 갖는 사람들의 심리 상태를 보여주는 것이다. 그림 속에 사각형이 지속적으로 나타나 있다면 정리 정돈의 욕구와 자신만의 공간에 대한 욕구가 크다고 할 수 있다.

한편, 그림에 사각형이 많이 나타나거나 사각형 테두리를 그려넣는 사람들은 사고가 빈곤하며 상상력이 부족할 수 있다.

개방성과 역동성 및 깊이와 내적 집중을 유지하는, 나선형

나선형은 외향성과 내향성이 동시에 있는 형태로, 자연 현상에서 많이 볼 수 있다. 예를 들어 회오리바람, 덩굴식물, 달팽이, 소라, 모래바람, 눈바람, 밀물과 썰물의 규칙적인 운동, 달의 운행 등은 나선의 움직임과 형태를 대표적으로 보여주는 사례다. 또한 태아가 출생하기까지 어머니의 자궁 속에서 경험하는 움직임이 바로 나선의 운동이다. 이처럼 나선형과 나선형의 운동은 인간과 자연, 나아가 우주 운행의 기본이며 창조의 근본적인 운동이라는 것을 알 수 있다.

나선형은 안에서 밖으로 회전하는 형태와 이와 반대로 밖에서 안으로 회전하는 두 가지의 운동성을 지니고 있다. 그리고 이러한 두 가지 운동에서도 시계 반대 방향으로 시작하는 운동과 시계 방향으로 시작하는 운동으로 다시 나눌 수 있다. 이러한 운동에 따라 그 의미가 각각 다르다.

안에서 밖으로 나아가는 나선형 중에 시계 반대 방향으로 나아가는 나선형의 운동, 즉 왼쪽으로 감아 돌아가는 나선형은 근원, 어머니의 자궁, 죽음의 길로 다시 돌아가는 것이다. 반대로 오른쪽으로 감아 돌아가는 나선형은 삶에서의 발전, 미래와 전진을 의미한다. 이러한 회전은 발산과 확장과 발전의 모든 과정을 상징하며, 지속적이고 순환적인 발전과 창의적인 문제 해결력을 가진다는 것을 의미하기도 한다.

내향성이 강한 사람은 자신의 중심에서 출발하여 점차적으로 외부로 향해 나아가면서 외부 세계와 타인들과 새로운 접촉을 하는 단계를 익히게 된다. 반면 외향성이 강한 사람은 밖에서 안, 그것도 오른쪽 시계 방향으로 나아가는 나선형의 운동을 통해 회전 때마다 집중력을 얻는다. 이는 바로 자신의 내면을 찾아가는 과정이며, 나아가 자신 안으로 되돌아가는 과정을 경험하게 된다. 이를 통해 중심과 안식처를 찾게 되며, 자신이 무의식적으로 바라던 보호를 의식하게 되고, 생각과 행동에서도 피상적이던 성향에서 심사숙고하는 성향으로 변할 수 있다.

완성과 영원성을 상징하는, 원

원은 시작과 끝이 없는 곡선으로 모서리가 없는 형태이다. 이러한 형태는 자연 현상과 일상의 생활 주변에서 가장 많이 볼 수 있다. 또한 원은 시간성과 공간성을 함께 지니고 있으며 나아가 무형이면서도 유형이다.

원은 인류의 문화에서 주로 신과 초월자를 나타내는 상징적인 형태로 받아들여졌으며, 이러한 상징적 의미 때문에 많은 나라에서 원을 완성과 영원성을 상징하는 형태로 여긴다. 또한 모든 것을 감싸는 것과 연관하여 어머니의 상징이기도 하다. 일반적으로 원의 중심점은 사람 형상의 중심인 복부, 즉 단전을 말한다. 동양에서는 그곳에서 우주적이며 영적인 에너지가 솟아 나온다고 생각한다. 미술 치료에서 원은 우울증 성향의 사람에게 자주 적용할 수 있다.

우리 집 미술 치료사

엄마는 미술 치료사

미술 치료에서 치료사는 그 어떤 치료 도구나 기법보다 중요하다. 일반적으로 미술 치료사는 인성적 자질과 전문적 자질을 갖고 있어야 한다. 먼저 정신적·심리적으로 상처 받고 고통을 겪는 사람들이 자신들의 아픈 속마음을 활짝 열어보일 수 있도록 인성적 자질을 갖춰야 한다. 그리고 치료를 받는 사람들의 동반자가 되기 위해서는 치료사 자신부터 스스로를 정확하게 알고 이해하는 '자기 인식(self-awareness)' 과정을 거쳐야 한다.

전문적 자질로는 정상적인 인간 발달, 정신 병리학의 주요 이론 등 장애와 비장애인의 전반적인 발달에 대한 이해력을 키워야 한다. 그리고 치료적 의미에서 미술 매체를 이해하고, 미술 치료와 관련된 다양한 이론과 진단 및 평가에 대한 안목도 필요하다.

미국미술 치료협회(AATA)에 따르면 "미술 치료사는 인간의 욕구와 표현에 민감하고 정서적으로 안정되며 인내심과 심리적 과정을 꿰뚫어보는 능력이 있어야 한다. 또한 미술 매체를 잘 이해하고 남의 말에 귀 기울일 줄 알며 예리한 관찰력이 있어야 한다"라고 하였다. 이것은 미술 치료사의 자질에 대해 잘 설명하고 있다.

그렇다면 집에서 간단하게 미술 치료를 할 수 있는 방법은 없을까? 있다면 누가 가장 미술 치료사로 적합할까?

미술 치료사는 정신적 지지자이면서 동시에 기술적 보조자의 역할을 해야 하는데, 엄마는 정신적 지지자의 역할을 누구보다 잘 할 수 있다. 정신적 지지자란 아이를 따뜻하게 대하면서 그들의 내면 자체를 좋아하는 사람이기 때문이다.

자녀에게 미술 치료를 하려면 첫째, 아이의 정신적·심리적 상태를 먼저 파악해야 한다. 그러기 위해서는 자녀와 눈높이를 맞춰 대화하고 평소 아이의 상태를 유심히 관찰해둬야 한다. 무엇이 문제인지, 어느 부분에 대해 얼마만큼 치료가 필요한지를 먼저 생각하고 정리해두는 것이 필요하다.

둘째, 자기 자신에 대한 성찰이 필요하다. 자기 자신을 알고 스스로 존중하는 마음이 있어야 치료 대상에게도 애정을 갖고 마음을 열 수 있기 때문이다. 치료하는 사람의 자기 수용과 자기 존중은 바로 타인을 존중하고 올바르게 바라보면서 있는 그대로 받아들일 수 있는 치료의 기초를 이룬다.

셋째, 자녀에게 지나친 기대를 쏟지 않고 우리 아이가 최고라는 선입견을 갖지 않는다. 객관적으로 자녀를 볼 수 있어야 제대로 된 치료가 가능하다. 아이의 투정을 무조건 받아주거나 아이의 비위를 맞추려는 생각은 버려야 한다. 반대로 너무 엄하게 대하거나 목표물을 달성하도록 아이를 압박하는 것도 좋지 않다. 또 아이가 그림을 그리는 동안에는 질문을 많이 하지 말고, 불필요한 개입 또는 그림을 해석하는 행동을 하지 않아야 한다. 어디까지나 아이가 그림을 그릴 때는 즐거운 마음으로 그림에 몰두할 수 있도록 주변 환경을 편안하게 만들어주는 것이 우선이다.

넷째, 미술 매체에 대한 이해가 필요하다. 여러 종류의 미술 도구를 소중히 다루면서, 아이에게 도구를 건네주기 전에 먼저 자신이 직접 사용해본다. 재료를 능숙하게 다룰 수 있어야 아이의 미술 활동을 도울 수 있다.

좋은 미술 치료사가 되기 위해서는 무엇보다 아이의 입장에서 느낄 수 있어야 한다. 그림을 못 그린다고 편잔을 주어 아이의 기를 꺾어서는 안 된다. 만일 그것이 심리적인 이유 때문이라면 오히려 기운을 북돋워주고 이해하려고 노력하며 격려해줘야 한다. 또 그리는 기술이 부족하다면 그리는 방법을 가르쳐주거나 쉬운 것부터 차근차근 그릴 수 있도록 옆에서 도와줘야 한다. 아이가 그림 그리는 거 자체를 싫어하고 거부한다면, 아이의 그런 감정 역시 인정해야 한다. 그러기 위해서는 아이와 같은 눈높이에서 아이를 대하는 한편 아이와 같은 사고와 감정, 충동에 익숙해지도록 노력하는 마음이 있어야 한다.

치료 시간은 한 번에 60~90분이 적당하며, 그림 그리는 중간에 작업을 끝내는 것은 좋지 않다.

TIP 미술 치료의 진행 과정

- **초기 단계**: 가능하면 아이의 마음이 편안하도록 엄마와 함께하는 '놀이'라는 개념으로 미술 치료를 시작한다. 아이가 원하는 재료를 가지고, 원하는 표현을 마음껏 하도록 내버려둔다. 미술 치료의 첫 단계는 아이가 미술 활동에 흥미를 갖도록 유도하는 것이다.

- **중기 단계**: 아이의 미술 작업이 활발해지면 엄마는 아이를 격려하면서 의도했던 작업을 구체화시킨다. 명령이나 지시가 아닌 적절한 개입으로 아이 스스로 활동을 주도할 수 있도록 도와주어야 한다. 만일 아이가 엄마의 말을 듣지 않고 저항한다면 엄마의 계획이 무엇이었든 간에 포기하는 게 바람직하다. 아이가 미술 작업에 푹 빠져들면 활동 자체에 몰입하여 깊은 경험을 할 수 있도록 말을 시키지 말고 조용히 둔다.

- **후기 단계**: 엄마가 목표로 세운 내용들이 이뤄지는 시기다. 아이의 문제가 미술 작품에 충분히 표현되면 다음과 같은 대화를 나누면서 문제 해결의 실마리를 잡을 수 있다.

    - 작품을 시작할 때와 만들 때, 그리고 끝났을 때의 느낌이 어떠한가?
    - 어떤 부분이 마음에 드는가? 이유는 무엇인가?
    - 만일 작품을 수정한다면 어느 부분을 어떻게 수정하겠는가?
    - 그림 요소 간의 상관 관계는 어떠한가?

위와 같은 질문을 던지고 아이의 대답을 듣는 과정은 매우 중요하다. 아이가 무엇을 표현하고자 했는지, 그림의 대상에 대해 어떤 감정을 느꼈는지를 아는 것은 아이의 심리 상태를 파악하고 무엇이 문제인지를 알아내는 데 유용하다. 미술 작품을 제작하는 과정 자체가 스스로를 치료할 수 있는 기회를 제공하지만, 결과물에 대한 평가와 토론을 통해 아이의 감정에 더 가까이 다가갈 수 있다. 아이의 작품에서 받은 느낌과 제작 과정의 감정을 다룸으로써 더 깊은 자기 인식의 기회를 마련할 수 있는 것이다.

흥미를 갖게 하는 미술 재료

재료는 미술을 표현하는 데 흥미를 갖게 해주고 결과에도 상당한 영향을 미친다. 먼저 미술 재료는 간단하고 적절하며 쉽게 제작할 수 있는 것, 다루기 쉬운 것이어야 한다. 또 치료 시간이나 공간, 아이의 상태나 성향 등에 따라 달라져야 한다.

예를 들어 물감, 핑거페인트, 물기가 많은 점토 등 이완을 촉진하는 재료는 경직된 아이에게는 매우 쓸모 있지만, 충동적이고 자아 경계가 불분명한 아이에게는 오히려 충동적인 성향을 부추기는 결과를 낳는다. 반면 색연필이나 사인펜과 같은 딱딱한 재료는 통제력이 강하여 재료로서 아이의 충동적인 성향을 다스리는 데 유용하다.

이렇듯 아이의 상태와 반대되는 성향의 재료를 서서히 제공함으로써 내면의 억압된 부분을 재통합할 수 있는 기회를 줄 수 있다.

또한 자아 기능이 미성숙한 아이에게 한꺼번에 너무 많은 재료를 주면 혼란을 초래할 수 있으므로 아이의 인지 수준에 따라 적절하게 재료를 제한해야 한다. 집에 있는 빈 병, 신문지, 우유팩 등의 폐품을 재활용하여 미술 재료로 사용하는 것도 좋다. 아이가 특별히 좋아하는 재료가 있다면 마음껏 사용하여 자유롭게 표현할 수 있도록 넉넉하게 준비해두자.

미술 재료의 종류
- 채색 재료: 수채 물감, 포스터칼라, 파스텔, 크레파스, 색연필 등
- 소묘 재료: 연필(4B 연필), 사인펜, 마카펜, 볼펜, 분필, 지우개 등
- 입체 재료: 점토, 석고나 석고붕대, 각종 천, 실, 털실, 노끈, 자연물, 곡식, 마른 열매 등
- 종이: 종이(도화지), 색종이, 모눈종이 등
- 작업 도구: 붓, 팔레트, 풀, 본드, 이젤, 화판, 각종 공예기구 세트, 칼, 자 등
- 기타 재료: 밀가루, 모래, 색 모래, 소금, 다양한 크기의 공 모양 스티로폼 등

- 기타 비치용 물건: 앞치마, 걸레, 빗자루, 쓰레기통, 비누, 수건, 점토 보관용 통 등

집에서 하는
간단한 미술 치료 프로그램

미술 치료는 전문가의 몫이긴 하지만, 집에서도 얼마든지 간단하게 할 수 있다. 굳이 미술 치료라는 말을 붙이지 않더라도 아이들과 함께, 혹은 가족 모두가 모여 미술 놀이를 한다고 보면 된다.

어쩌면 아이들은 태어날 때부터 미술의 즐거움을 알고 있는 듯하다. 돌을 전후하여 손으로 연필이나 크레파스 등을 잡을 수 있게 되고, 또 몸을 자유롭게 움직여서 무언가를 그릴 수 있는 때가 되면 집안은 온통 아이들 그림으로 도배된다. 벽이며 바닥, 가구에 이르기까지 장소를 가리지 않고 아이들은 그림을 그리기 시작한다. 또한 대부분의 아이들은 자라면서 그림 그리기나 만들기, 종이 접기 등에 흥미를 보이며 엄마, 아빠와 미술 놀이를 하는 것을 재미있어 한다. 요즘에는 자신이 좋아하는 인물이나 동물의 캐릭터를 그리거나 취미로 만화를 그리는 아이들도 꽤 많다.

이럴 때 엄마가 아이들의 미술 놀이 상대를 해준다면 정서적으로나 교육적으로 좋은 영향을 미칠 수 있다. 함께 그림을 그리거나 만들기를 하다 보면 자연스레 아이와 많은 이야기를 나눌 수 있다. 그러면서 아이가 무엇을 생각하는지, 부족한 것이 무엇인지 알게 된다. 또한 가족 모두가 한자리에 모여 한 가지 일에 집중하다 보면 끈끈한 가족애도 생긴다. 이처럼 미술 놀이는 가족의 사랑을 느끼게 하는 동시에 아이의 상상력과 창의력까지 길러줄 수 있으니 금상첨화가 아닐 수 없다.

이때 중요한 것은 그림이 완성된 다음에 아이의 설명을 듣는 일이다. 아이가 편안한 마음으로 자신의 속마음을 솔직하게 말할 수 있도록 자연스레 대화를 이끌어야 한다. 그림에 대한 이야기를 나눔으로써 아이의 마음을 더 잘 이해할 수 있게 돼 잠재된

불안과 두려움을 해소하고 부적절한 환경을 개선해줄 수 있는 열쇠를 찾을 수 있다.

다음에 소개하는 미술 치료 기법은 4세에서 10세 정도의 아이들에게 적합하다. 특히 말로 자신의 생각을 표현하기 힘든 아이들에게 아주 유용한 미술 치료 기법들이다.

동물 가족화 그리기

아이에게 가족을 동물로 표현해보라고 한다. 어떤 동물을 먼저 그리는지, 동물 사이의 간격은 어떠한지, 동물의 크기가 어떤지를 살펴본다. 이때 아이가 가장 먼저 그리는 동물은 아이와 아주 가깝거나 큰 의미를 지닌 사람이다. 또 아이 자신이라고 가리킨 동물과 가까이 있을수록 친밀한 사이임을 나타낸다. 대개 유아기 아이들은 아빠를 사자로, 자신은 다람쥐로 표현하는 경우가 많다.

○ **아이가 그린 동물 가족화 그림** 그림 속 아버지의 모습은 종이의 정중앙에 있으면서 팔을 크게 벌린 형태로 그려져, 가족 전체를 힘으로 제압하는 듯하다. 다른 가족에 비해 크기 또한 매우 큰데, 평소 화를 잘 내고 권위적인 아버지의 모습이 강하게 표현되었다.

동물 가족화로 아이가 느끼는 가족 관계와 의사소통의 원활함 정도를 파악할 수 있는데, 크기가 큰 동물일수록 아이에게 중요하거나 영향을 많이 미치는 가족이라고 생각하면 된다. 동물 가족화에 아이 자신을 그려넣지 않는다면 가족 사이에서 소외감을 느끼고 있는 경우이므로, 세심한 주의와 애정을 기울여줘야 한다.

advice 동물 가족화를 그려봄으로써 자연 관찰력이 생기고 동물을 묘사하는 능력이 향상된다. 자연스레 사물에 대한 인지능력이 높아진다. 보다 사실적으로 동물을 표현할 수 있도록 관찰력과 묘사력을 키워주는 것이 좋다. 동물에 대한 표현력이 우수한 아이일수록 지적으로 우수한 경향이 있다.

*준비물_ 도화지, 채색 도구

콜라주로 받고 싶은 선물 꾸미기

콜라주(collage)는 잡지나 그림책에 있는 사진들을 찢거나 오린 다음 도화지 위에 자유롭게 붙여서 그림으로 표현하는 활동이다. 먼저 사진 자료가 많은 책이나 잡지 등을 아이에게 주고, 받고 싶은 선물을 꾸며보라고 한다. 지금 아이가 원하는 것이 무엇인지 직접적으로 알 수 있는 작업으로 아이의 심리 상태를 파악하는 데 도움이 된다.

콜라주는 도화지에 그림을 그리는 평면적인 작업에서 한 단계 발전해 보다 다양한 매체를 활용하여 입체적인 작업으로 나아가는 형태이다. 아이가 융통성을 발휘하여 자유롭게 표현하게 함으로써 상상력과 창의력을 높일 수 있다.

advice 다양한 재료를 준비하는 과정에서 아이의 상상력을 자극할 수 있다. 또 그림에 자신 없는 아이에게 오려 붙이기를 통해 재미를 주면서 아이의 손 근육을 발달시킬 수 있다.

*준비물_ 잡지나 다양한 그림 자료, 도화지, 가위, 풀, 채색 도구

○ **사진을 오려 붙이거나 색지를 찢어 종이에 붙인 콜라주** 오려 붙인 자동차나 코끼리, 사자 등 크고 강한 동물그림은 친구들 사이에서 대장이 되고 싶은 강한 욕구를 표현한다.

◉ **점토로 만든 사람 얼굴** 가족 중에서 자신이 가장 좋아하는 사람을 골라 자세히 관찰한 뒤, 반입체적인 형태로 표현하였다.

점토로 좋아하는 사람, 싫어하는 사람 만들기

점토는 감각과 상상력을 발달시키는 데 탁월한 미술 재료이다. 아이가 점토를 사용하여 자신이 좋아하는 사람과 싫어하는 사람을 만들어보게 한다. 아이가 어리면 도화지 위에 평면적으로 만들도록 하고, 좀 큰 아이들은 입체적으로 만들어보게 할 수 있다. 좋아하는 사람이 왜 좋은지, 싫어하는 사람이 왜 싫은지를 물어 아이의 성향을 파악하고, 싫은 것에 대한 거부감이나 두려움을 줄여줄 수 있다.

advice 점토를 마음껏 주무르고 만지면서 엄마와 대화를 나누며 작업하는 동안 아이의 상상력과 오감이 발달하는 효과가 있다. 요즘 아이들은 색에 대한 감각에 비해 상대적으로 입체 감각이 떨어져 있기 때문에 되도록 자주 점토 작업을 하여 입체 감각을 키워주는 것이 좋다. 또 색깔 점토보다는 천연 점토(찰흙)를 사용하는 것이 여러 모로 좋다. 콩이나 쌀 등의 곡물을 이용하

◐ **동화 속 주인공을 표현한 그림** 아이로 하여금 동화책을 직접 읽게 한 다음 그 느낌을 그림으로 그려보게 했다. 글자를 모르는 아이들은 다른 사람이 읽어주는 것을 듣고 그리게 한다. 상상력과 창의력을 길러주는 통합적(2가지 기법을 함께 사용) 미술 치료 기법이다.

여 장식하면 보다 입체적인 표현을 할 수 있다.

*준비물 _ 점토, 점토 도구, 콩이나 쌀 등의 곡물, 도화지(혹은 점토판)

동화 읽고 그리기

동화를 읽고 주인공을 그려보게 하거나, 동화에 대한 아이의 느낌을 자유롭게 표현하도록 유도한다. 글을 읽지 못하는 아이라면 엄마가 동화를 들려준 뒤에 그려도 좋다. 아이가 선택한 색깔에 따라 감정 상태를 알 수 있다.

밝은 색을 쓴 아이는 정서 상태가 안정되어 있고, 반대로 어두운 색깔을 많이 썼다면 마음속에 불안이나 스트레스가 있다는 것이다. 또한 빈틈없이 공간을 빽빽하게 사용한 아이는 표현하고 싶은 것이 그만큼 많은 것이며, 반대로 여백이 너무 많다면 표현력이 부족하거나 의욕이 없는 상태라고 할 수 있다. 동화읽고 그리기는 상상력과 창의력을 길러주는 통합적 미술 치료 기법이다.

advice 동화 읽고 그리기는 그림뿐만 아니라 책 읽는 즐거움과 내용을 이해하는 능력을 높일 수 있다. 또 상상력을 자극해서 창의력을 키우는 데도 도움이 된다. 자신의 느낌을 표현할 수 있는 감상 능력도 높아진다. 엄마와 함께 동화를 읽고 그림을 그리는 작업, 그 자체만으로도 둘 사이에 강한 유대가 생기면서 치료 효과를 볼 수 있다. 한 번으로 그치지 말고 반복해서 작업하면 효과가 더 좋다.

*준비물 동화책, 도화지, 채색 도구

만다라 그리기

만다라는 원을 이용하는 자연스러운 표현으로, 아이의 성향과 심리 상태를 파악하는 데 유용한 그림이다. 먼저 엄마가 도화지에 원을 그려준 다음 아이에게 원의 안쪽이든 바깥쪽이든 간에 마음대로 선택해 그리고, 색칠하라고 말한다. 이때 원의 크기는 상관없으며 아이가 원을 직접 그려도 좋다.

아이가 사용한 색깔과 원의 안과 밖 중에서 어느 쪽에 비중을 두고 그림을 그렸는지 살펴보면 아이의 성향을 파악할 수 있다. 빨강색 계통을 많이 쓰는 아이의 성향은 외향적이고 적극적이며, 순한 색상을 쓴 아이는 온순하며 성격이 부드럽다. 파랑색 계통은 내성적이며 차분하고 침착하며 이지적이다. 원 바깥을 향하도록 활발하게 표현하는 아이는 외향적이며, 반대로 원 안에 주로 표현하는 아이는 내성적이고 침착하다.

advice 만다라는 융이라는 학자가 보급시킨 것으로, 원 안에 그림을 그리고 색칠하는 과정을 통해 자신의 심리 상태를 알 수 있고 치료 효과를 볼 수 있는 대표적인 미술 치료 기법이다. 아이의 상황이나 기분에 따라 매일매일 그림이 달라질 수 있는데, 아이가 심리적으로 위축되면 원이 작아지거나 색이 어두워지는 경향이 있다. 매일 일기를 쓰듯이 만다라를 한 장씩 그리면

○ **만다라 그리기** 원 모양의 기본 만다라 문양을 여러 장 준 다음, 그 중에서 마음에 드는 것을 골라 색칠하게 한다. 칠하는 재료도 그리는 사람이 자유롭게 선택하도록 한다. 주로 원 안쪽에 그림을 그리면 내성적이고 차분한 성격이다.

마음의 안정을 찾을 수 있다. 곡물을 사용해 만다라에 붙이는 작업은 집중력을 강화하는 데 큰 도움이 된다.

*준비물_도화지, 채색 도구

음악 듣고 그리기

구체적인 이미지나 색깔이 떠오르는 경쾌한 음악, 혹은 부드럽고 밝은 음악을 준비하여 아이에게 들려준다. 그런 다음 아이에게 느낌을 그림으로 표현해보라고 한다.

보통 성인들은 음악을 듣고 그림을 그리라고 하면 선이나 색깔로 표현하지만, 아이들은 구체적인 인물로 묘사한다. 밝고 경쾌한 음악을 들으면 환하게 웃거나 표정이 밝은 사람을 그리고, 날카롭고 빠른 음악을 들려주면 그림의 느낌이 전체적으로 어둡고 불안하다. 또 부드러운 음악을 들려주면 밝은 표정과 빗방울, 꽃잎 등을 그려넣어

● **음악 듣고 그린 그림** 밝고 경쾌한 음악을 들려준 뒤 그 느낌을 그림으로 표현하게 하였다. 마치 떨어지는 빗방울 소리처럼 즐겁고 신나는 느낌이 살아 있다.

● **강하고 날카로운 음악을 듣고 그린 그림** 아이들의 움직임이 활발하며, 선명하고 강한 색을 사용하여 경쾌한 느낌을 표현한다.

그림이 아기자기해진다. 그만큼 아이의 상상력과 표현력을 키워줄 수 있다.

advice 음악 듣고 그리기는 연극 보고 그리기, 동화 듣고 그리기와 같이 통합적인 미술 치료 프로그램으로 활용된다. 이 기법은 아이의 감상 능력을 높이고, 더불어 표현 능력을 키우는 데 효과적이다. 사용한 색깔이나 형태 등을 보고 아이의 심리 상태를 알 수 있으며, 마음을 안정시키는 예방 차원에서도 활용할 수 있다.

준비물_ 음악 테이프, 도화지, 채색 도구

Tip 미술 치료를 할 때 유의 사항

- 자연스러운 기분으로 그림을 그릴 수 있도록 격려해주는 분위기가 중요하다.
- 그림 그리기는 즐겁고 아름다운 작업이며 창의력을 키울 수 있다. 또 정서 순화를 통한 인간 형성의 수단이며, 표현 활동이다. 일반적으로 표현 활동은 기술이나 결과보다 과정상의 활동이 중요하므로 충분히 즐거운 표현이 되도록 적절한 환경과 재료에 신경을 써야 한다.
- 개인의 표현 활동을 제한하거나 상처를 주지 않는다.
- 자발적이고 자연스러워야 하며 마음속에 있는 것뿐만 아니라 희망하거나 후회스러운 것, 두려워하는 것들도 표현되어야 한다.
- 그리기를 즐겨야 한다. 그리는 사람이 원할 때는 언제든 중단하고 마음이 내키지 않는다고 할 때에는 굳이 강요하지 않는다.
- 그림을 예술적으로 평가하지 않는다.
- 그린 그림을 난폭하게 찢거나 더럽혀도 말리지 않는다. 자연스레 행동하도록 그냥 내버려두는 것이 더 효과적이다.

그림으로 뇌 발달시키기

미술 교육은 아이의 좌뇌와 우뇌를 균형 있게 발달시킨다. 보통 좌뇌는 지성을, 우뇌는 감성을 담당하는데, 어느 한쪽만 지나치게 개발하는 것은 좋지 않다. 미술 교육은 아이의 사고력과 창의력, 관찰력은 물론이고 사회성, 협동성, 정서적 안정감 등을 키우는 데 좋다. 대개 그림은 오감으로 얻어진 정보를 머릿속에서 체계적·합리적·논리적으로 생각해낸 다음 손으로 표현하는 작업이다. 지성과 감성이 함께 어우러지는 복합적인 활동인 셈이다.

우리 아이는 좌뇌형일까, 우뇌형일까?

뇌의 발달 단계

고대 그리스 시대의 학자인 히포크라테스는 '마음은 뇌에 있다'라고 하였다. 이는 마음이 있는 자리를 뇌로 본 것인데, 뇌의 신비로움과 중요성을 한마디로 압축해주는 말이다. 인간의 모든 동작과 사고, 언어와 감각 등을 지배하고 주관하는 뇌는 21세기에 들어선 지금도 여전히 풀리지 않는 수수께끼다. 동물을 복제하고 심지어 인간까지 복제하려는 연구가 진행되고 있지만, 그것은 어디까지나 겉모습만 똑같게 만들 뿐이다. 뇌까지 똑같을 수는 없다. 뇌를 만들 수는 있어도 그 안에 담긴 생각까지 그대로 옮길 수는 없기 때문이다.

그렇다면 천재의 뇌와 보통 사람의 뇌는 어떻게 다를까? 이 또한 명쾌한 해답이 없다. 그러나 분명한 사실은 인간의 뇌는 유아기에서 사춘기에 이르면서 엄청난 속도로 성장하고 발달하며, 이 시기에 적절한 교육과 자극을 주면 뇌의 발달을 극대화할 수 있다는 것이다.

특히 신생아의 뇌 발달 속도는 놀랍다. 태어날 때는 성인의 25%에 불과한 350g 정도밖에 안 되던 아이의 뇌가 생후 1년이 지나면 1000g으로 급성장한다. 뇌의 부피만 늘어나는 것이 아니라 뇌의 활동이 왕성해지면서, 이 시기에 두뇌 발달의 기초가 이루어지는 것이다.

이처럼 뇌가 빠른 속도로 성장하는 시기는 3~10개월, 6~8세, 10~12세, 14~16

세이다. 그리고 뇌의 발달은 사춘기에 해당하는 13~17세 사이에 거의 완성된다.

뇌의 발달 단계를 정리하면 다음과 같다.

1단계(0~3세) 뇌의 기초 공사를 하는 단계로 전뇌가 발달한다. 감각 운동기로 기억과 모방을 하며, 판단 능력은 전혀 없다. 이때는 오감을 자극해주는 말과 행동이 중요하다. 뇌의 신경세포 수는 약 140억 개로, 태어날 때 이미 일정한 수를 갖고 있다. 따라서 이 시기에는 다양한 영역의 정보를 왕성하게 전달받을 수 있도록 해야 두뇌를 발달시키는 기초를 다질 수 있다.

2단계(3~6세) 인간의 종합적인 사고 기능을 담당하는 전두엽이 발달한다. 그러므로 이 시기에는 학습보다는 예절 교육과 인성 교육에 중점을 둬야 한다. 전두엽은 사고와 정신 발달 기능을 가진 부분이다. 즉 "붉은 것은 사과, 사과는 맛있다"와 같은 단순한 암기식 지식 교육보다는, "붉은 것에는 무엇 무엇이 있을까? 사과는 붉은색, 초록색, 노란색 등의 색깔을 띠고 있다"라는 식으로 스스로 생각하고 답을 찾는 힘을 길러줘야 할 때다. 따라서 종합적이며 다양한 사고를 발달시키는 데 초점을 맞춰 교육해야 한다. 암기 위주의 공부보다는 놀이 위주의 생활 공부를 하는 것이 좋고, 책을 많이 읽게 하여 간접 경험을 많이 쌓도록 하는 것이 무엇보다 중요하다.

3단계(6~12세) 언어를 담당하는 측두엽과 수학 · 물리학적 사고를 담당하는 두정엽이 발달한다. 측두엽은 언어와 청각 기능을 담당하는 곳으로, 말하기 · 듣기 · 쓰기 · 읽기 교육이 효과적으로 이루어진다. 두정엽은 입체 · 공간적인 사고 기능, 즉 수학 · 물리학적 사고를 담당한다. 아이가 초등학교에 다니며 공부하는 시기로, 두정엽의 기능인 입체 · 공간적인 인식 기능과 계산 기능, 측두엽의 기능인 언어 교육을 집중적으로 실시하는 것이 좋다.

4단계 (12세 이후) 시각적인 기능을 담당하는 후두엽이 발달한다. 보는 기능이 발달해서 주위를 살펴보고 자신과 다른 사람의 차이를 뚜렷이 알게 되며, 외모를 꾸미려고 노력한다. 사춘기에 해당하며, 감정과 본능이 발달하고 비교하는 시기이다.

좌뇌와 우뇌의 차이점

100억 개의 뉴런(동물의 신경계를 이루는 기본세포)이 있는 인간의 두뇌는 좌뇌와 우뇌로 이뤄져 있으며, 각각 반대편에 있는 몸의 지각과 운동을 담당하고 있다. 좌뇌는 몸의 오른쪽을, 우뇌는 몸의 왼

Tip 좌뇌와 우뇌의 역할

좌뇌 (말을 하고 계산하는 식의 논리적인 기능을 관장)	우뇌 (음악을 듣고, 그림을 보고, 어떤 이미지를 떠올리는 기능 관장)
● **언어적** 이름을 잘 기억한다. 대화할 때 단어를 많이 사용한다. 언어적인 자료의 기억, 언어적인 정보의 학습에 익숙하다.	● **비언어적(시각적)** 얼굴을 잘 기억하고, 대화할 때 신체언어(보디랭귀지)를 사용한다. 음조적인 자료의 기억, 경험적·활동적인 학습에 익숙하다.
● **분석적(논리적)** 체계적인 방법으로 문제를 해결한다. 논리적으로 사고하고 행동한다.	● **직관적(은유적)** 직관적인 판단에 의해 문제를 해결한다. 유머러스한 생각과 행동을 한다.
● **직업적** 논리적인 추리를 통해 학습한다. 수학 학습에 익숙하다.	● **공간적** 기하학적 학습, 공간적·시각적 과정을 통한 학습에 익숙하다.
● **이성적·인지적** 감정을 억제하며 지적이다. 기존의 것을 개선하는 것과 사실적·현실적인 것을 선호한다.	● **감정적·예술적** 감정을 발산하고 창조적이거나 새로운 사실을 발견하는 것을 선호한다.
● **사고** 귀납적, 논리적, 분석적, 추상적, 상징적	● **사고** 창의적, 직관적, 시공간적, 구체적, 연역적, 확산적
● **성** 남성적, 공격적, 능동적	● **성** 여성적, 수동적, 신비적
● **운동** 신체의 오른쪽을 움직인다. 기억을 통한 운동의 언어적 표현을 담당한다.	● **운동** 신체의 왼쪽을 움직인다. 공간적 운동, 운동 기억, 창의적 운동을 담당한다.

좌뇌와 우뇌의 기능

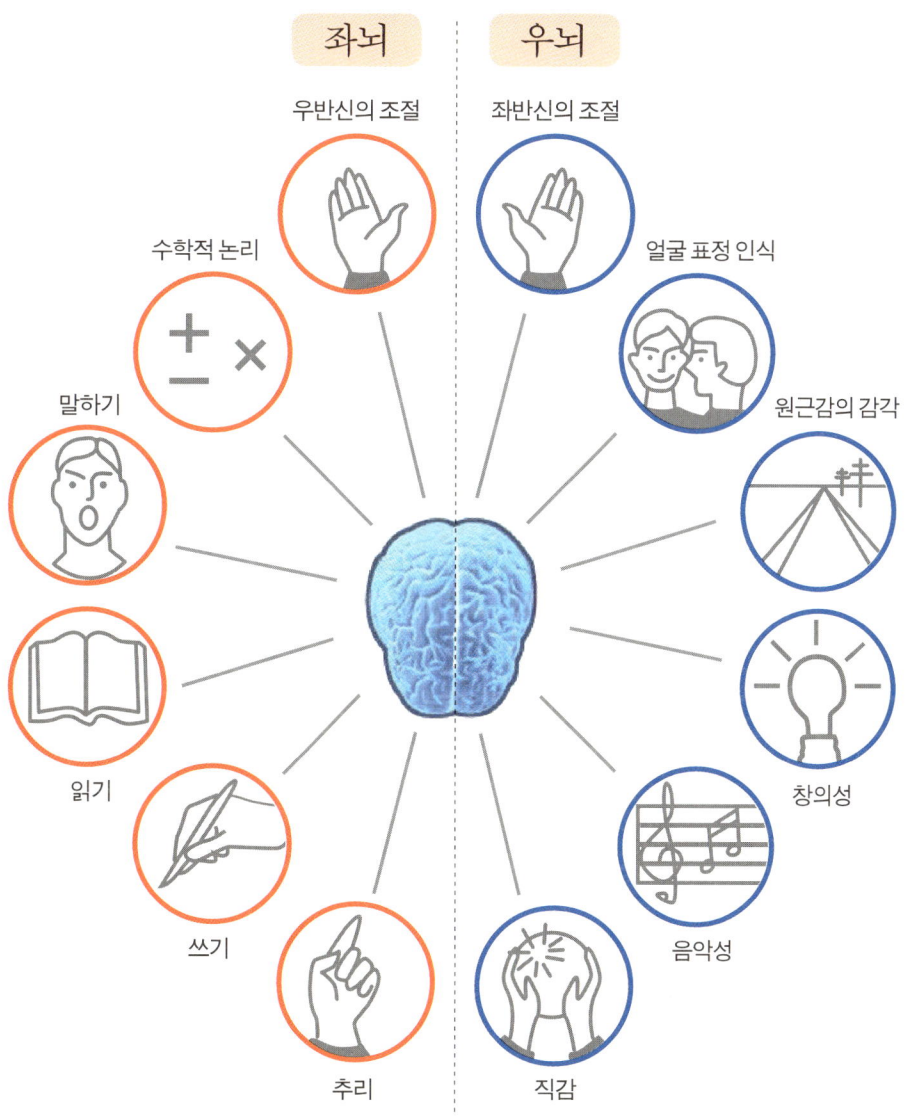

쪽을 맡고 있는 것이다. 다시 말해 오른손을 움직이려면 반대쪽에 있는 왼쪽 뇌가 명령을 내려야 하는 것이다. 따라서 뇌출혈이나 사고로 뇌를 다치면, 사고가 난 뇌의 반대쪽 몸에 이상이 나타난다.

좌뇌는 '언어 뇌'라고도 하는데, 언어중추가 자리 잡은 곳이다. 좌뇌가 발달한 사람은 언어 구사 능력, 문자·숫자·기호의 이해, 조리에 맞는 사고 등 분석적이고 논리적이며 합리적인 면에서 뛰어난 능력을 보인다. 대부분의 아이들은 성장하면서 좌뇌를 많이 개발하게 된다.

우뇌는 '이미지 뇌'라고도 하며, 그림이나 음악 감상, 스포츠 활동 등 단숨에 상황을 파악하는 직관과 같은 감각적인 분야를 담당한다. 또한 우뇌는 기억을 이미지화하여 머릿속에 파일 형태로 저장해두고 필요할 때 꺼내 쓰는 패턴 인식력을 가진다. 아기가 부모와 남을 구별할 수 있는 것은 바로 이 능력 때문이다. 그리고 우뇌는 공간을 인식하는 능력이 있다. 이는 사물의 공간적 위치를 판단하고, 행동을 계획하는 능력을 말한다. 우리가 복잡한 미로에서 출구를 찾아내는 것도 이러한 능력이 있기 때문이다.

이렇듯 좌뇌와 우뇌의 역할은 차이가 있다. 하지만 우리의 뇌는 왼쪽과 오른쪽으로 나눠 각기 따로따로 활동하는 것이 아니라 서로 정보를 교환하면서 공동 작업을 하고 있다.

그렇다면 좌뇌형 인간과 우뇌형 인간의 차이는 무엇일까? 평소 좌뇌와 우뇌 중에서 어느 쪽을 더 많이 사용하고 있는지, 또 얼마나 더 능숙하게 활용하는지에 따라서 우리는 좌뇌형 인간과 우뇌형 인간으로 구분한다.

각각의 특징을 알아보면, 먼저 좌뇌형 인간은 질서와 안정을 좋아한다. 그리고 규칙을 지키고 계획을 세워서 일처리하기를 좋아한다. 반면 우뇌형 인간은 다양한 변화나 특이한 것, 조화되지 않은 것, 색다른 것을 좋아한다. 또한 좌뇌형은 서로 경쟁하는 운동경기인 축구, 야구 등을 좋아하는데 반해 우뇌형은 예술적인 아름다움을 즐기는 다이빙, 피겨스케이팅, 무용 등을 좋아한다. 그리고 좌뇌형은 낯선 사람을 만났을 때 상대의 이름을 기억하고, 우뇌형은 그 사람의 얼굴 특성을 기억한다.

Tip 좌뇌형 인간과 우뇌형 인간의 특성

좌뇌형 인간	우뇌형 인간
● 주지적이다.	● 직관적이다.
● 언어적인 지시와 설명에 잘 반응한다.	● 상징적인 내용에 더 잘 반응한다.
● 문제를 부분으로 나누어 논리적으로 해결한다.	● 문제에 대해 전체적인 패턴을 보고 해결한다.
● 합리적으로 문제를 해결한다.	● 직관에 따라 문제를 해결한다.
● 객관적으로 판단한다.	● 주관적으로 판단한다.
● 계획적이고 구조적이다.	● 유동적이며 자발적이다.
● 확고하고 확실한 정보를 좋아한다.	● 알쏭달쏭하고 불확실한 정보를 좋아한다.
● 분석적으로 독서하고 사고한다.	● 종합적으로 사고하며, 대화 도중에 은유법이나 유추를 자주 사용한다.
● 사고와 기억 활동에서 주로 언어에 의존한다.	● 사고와 기억 활동에서 주로 심상(이미지)에 의존한다.
● 말하고 쓰는 것을 좋아한다.	● 그림 그리기나 조작하기를 좋아한다.
● 주의 깊게 계획된 연구나 작업을 좋아한다.	● 자유롭고 개방적인 연구나 작업을 좋아한다.
● 선택형 질문을 좋아한다.	● 주관식 질문을 좋아한다.

우리 아이는 어떤 미술 교육이 알맞을까?

좌뇌와 우뇌를 골고루 발달시키는 미술 교육

입시 위주의 학과목 중심 교육으로 우리 아이들이 병들고 있다. 더구나 조기 교육 열풍으로 갓 돌이 지난 유아 시기부터 한글 교육과 수학 교육 등을 시작함으로써 빚어지는 부작용은 심각한 상황이다. 전두엽이 발달하는 유아기에는 학습보다 부모와의 교감이나 인성 교육이 중요한데, 이 시기에 조기 교육을 시작함으로써 뇌의 정상적인 발달이 오히려 방해를 받는 것이다. 또한 학습 위주의 좌뇌 편중 교육은 좌·우뇌의 조화로운 발달을 막고 바람직한 인성을 갖추는 데 심각한 악영향을 미친다.

이로 인해 아동과 청소년의 범죄율이 날로 높아지고 있으며, 자신의 정체성과 가치관을 바르게 정립하지 못한 아이들이 입시 스트레스와 따돌림(왕따) 등의 학교 폭력 등에 비관하여 스스로 목숨을 버리는 사태에까지 이른 형편이다. 게다가 조기 교육 등의 지나친 교육열이 무색할 만큼 아이들의 기초 학력 역시 점점 낮아지는 추세라고 한다.

이렇듯 암울한 교육 현실을 극복하기 위해서는 인성 교육과 함께 좌뇌와 우뇌를 조화롭게 발달시킬 수 있는 미술 교육이 반드시 필요하다. 특히 초등 학령기는 모든 영재 능력이 갖춰지는 두정엽과 측두엽이 발달하는 시기로, 미술 교육이 그 어느 때

보다도 절실하다. 적절한 미술 교육은 아이들의 잠재적인 창의성을 계발하는 데도 큰 도움이 된다.

미술 교육의 목적은 단지 그림을 잘 그리게 하는 데 있지 않다. 우리는 오감을 통해 받아들인 정보를 머릿속에서 조합하고 발전시킨 다음 손을 통해 다시 밖으로 내보낸다. 이것이 바로 그림이다. 이때 필요한 감각기관의 정교한 감각 능력, 정보를 융합하고 추리하고 상상하며 사고하는 능력, 손을 통해 구체적인 형상으로 구현해내는 능력 등은 미술을 통해 발전시킬 수 있다. 이처럼 사물을 정확히 관찰하는 능력, 색이나 형태를 세밀하게 감지하는 능력, 예민한 손의 조작, 무에서 유를 창조해내는 능력, 창의력, 사고력, 기발한 착상, 사회성, 협동성, 정서 등은 미술과 관계가 깊다.

또한 미술 교육을 통해 사고력과 창의력 등 인간에게 필요한 기본적인 능력을 동시에 키울 수도 있다. 예를 들어 눈에 보이지 않는 부분을 상상해 그리기, 상황에 맞는 그림 그리기, 숫자나 도형 등 주어진 모양을 활용해 그리기 등 생각하지 않고서는 도저히 그릴 수 없는 특별한 소재를 제시하고 그림을 그리게 해보자. 그러면 저절로 체계적이고 합리적인 생각, 논리적인 사고, 복합적인 뇌 활동, 기발한 아이디어, 창의력 등이 골고루 발달하게 된다. 뿐만 아니라 생각한 다음에 그것을 그림으로 표현하는 작업은 우뇌와 좌뇌를 고르게 발달시킨다.

진정으로 아이들 교육에 관심 있는 부모라면 지금부터라도 미술 교육의 중요성을 깨달아야 한다. 그래서 영어나 수학, 과학 과목에서 1점 더 올리려고 안달복달하지 말고 아이의 뇌를 균형 있게 발달시키는 미술 교육에 열을 올려야 한다.

Tip 우뇌로 그림 그리기

좌뇌 편중 교육을 받은 아동은 성장하면서 그림 그리기를 싫어하는 경향이 있다. 또 그림을 그릴 때 세부적인 묘사를 못하고 주제와 형태에 관한 내용을 글로 적어 표현하게 된다. 영재 교육을 받은 아동 가운데 일부는 자신의 생각이나 뜻을 남들에게 전할 때 말을 더듬는 경우가 생기고, 친구와 잘 어울리지 못해 혼자 지내는 시간이 많다. 심지어 또래에게 따돌림을 당하는 경우도 있다.

이를 예방하려면 우뇌로 그림 그리는 연습을 하면 좋다. 아래의 방법대로 그림을 그리면 우뇌가 활성화되어 뇌가 균형 있게 발달하며, 특별한 이유 없이도 기분이 좋아지는 효과가 있다.

우뇌로 그릴 때는 감정을 그려야 하며, 구체적인 형태나 상징적인 것은 절대 그리지 않아야 한다. 빠른 직선, 느린 직선, 곡선, 점, 칠하기 등으로 점·선·면의 기법만을 사용해야 한다. 우뇌로 그림 그리는 방법은 다음과 같다.

- '노여움'을 그린다 열두 가지 색 중에서 두 가지를 고른 다음 직선, 곡선, 점을 사용해 분출시킨 노여움을 표현한다. 먼저 눈을 감고 화났을 때를 생각한다. 이미지가 떠오르면 소리가 날 정도로 종이를 두드려도 좋다. 이 그림은 잘 그리고 못 그렸다는 기준이 없으며 사람마다 모두 다르다.

- '평안'을 그린다 두세 가지 색깔을 골라 평온, 평안, 편안함의 이미지를 그려보는 것이다. 다 그린 뒤에 보면 분노의 그림에서 나타냈던 강한 선과 달리 아주 부드럽고 완만한 선이 그려져 있음을 알 수 있다.

- '관심이 가는 사람'을 그린다 그 사람의 색을 고르고 눈을 감은 뒤에 그 사람의 이미지를 떠올린다. 그런 다음 그리기 시작하면 신기할 정도로 그 사람의 참모습이 보인다.

우뇌를 많이 쓰는 아동의 좌뇌 강화법
(우뇌 성향의 사람에게 좌뇌를 강화시키면 불안을 해소할 수 있다)

- 항상 목표를 세우고 목적 달성과 비교하면서 생활한다.
- 추상적인 얘기를 구체적으로 파악하면서 듣는다.
- 모든 일들을 논리적이고 합리적으로 해결하려는 습관을 들인다.
- 마음속으로 그날의 계획을 세우거나 여행 계획을 세워본다.
- 메모할 때 우선순위를 적어둔다.
- 슬픈 감정, 즐거운 감정, 화난 감정 등을 도화지 위에 붓으로 표현해보고 색칠한다. 그 다음 그림 뒷면에 그 이유를 서술한다.
- 시를 읽고 연상되는 그림을 그린다.
- 작문을 하거나 일기를 쓰는 습관을 가진다.
- 대상을 거꾸로 놓고 그린다.

- 왼손으로 그린다.
- 그림을 가리고 일부분만 보면서 표현해본다.
- 얼굴 옆모습을 그린다.
- 선으로 표현한다(사랑·증오, 삶·죽음, 관심·무관심, 희망·절망, 평화·전쟁).

아동 미술 발달 단계

아동에게 미술을 교육하려면 먼저 발달 단계를 알아야 한다. 미술 교육을 시작하는 시기는 특별히 제한이 없으며, 그림을 그리기 시작하는 서너 살 정도부터 어른이 된 후까지 모두 가능하다. 다만, 발달 단계에 따라 가르치는 방법과 내용이 달라야 하는 것이다.

대체로 학교에 들어가기 전인 유아기에는 무엇인가를 주입해서 억지로 가르치려 하기보다 재미나게 놀면서 미술을 즐길 수 있게 해야 한다. 그러면서 신체적 감각과 표현 기능을 높이는 것이 중요하다. 그리고 취학 전 1년(유치원)과 초등학교 1, 2학년은 일생 중 그림을 가장 많이 그리고, 또 이런 작업을 좋아하는 시기다. 이때는 그림의 기교보다는 아이가 자신의 생각대로 자유롭게 그릴 수 있도록 해야 한다. 부모가 옆에서 "나무는 이렇게, 꽃은 저렇게 그려라" 하면서 일일이 지시하고 간섭하는 것은 좋지 않다. 좀 못 그려도 아이가 스스로 생각하게 하여 상상력과 사고력을 키우는 게 좋다.

10세를 전후한 아동들은 운동·감각 기능을 담당하는 두정엽의 발달로 입체적인 사물이나 인물을 사실적으로 관찰하고 표현하려고 한다. 그러나 이 시기의 아동들은 사물을 관찰하고 집중할 수 있는 능력은 있지만, 상대적으로 지각한 것을 세밀하게 표현할 수 있는 능력은 부족하다. 이 때문에 자칫 미술에 흥미를 잃을 수도 있으므로, 사실적으로 묘사할 수 있는 능력, 즉 그림을 그리는 원리와 테크닉(기교)을 길러주어야 한다.

이처럼 발달 단계에 따라 미술 표현 방법을 지도해야 교육의 효과가 크다. 아동 미술의 발달 단계는 다음과 같다.

1단계(0~2세 수준) 잠재의식에 의한 표현기이면서 감각 운동기다. 따라서 여러 감각을 접하게 하여 각각 구별할 수 있게 한다. 또한 다양한 신체 경험과 근육 및 협응운동(신체의 각 기관이나 기능이 서로 맞물려 조화롭게 반응하는 것)을 필요로 하므로, 새로운 재료와 좋아하는 재료를 탐색하면서 놀 수 있는 분위기를 만들어줘야 한다. 특히 냄새를 맡고 손으로 만져보는 등의 다양한 감각을 느끼게 해주는 것이 중요하다. 재료를 너무 자주 바꾸는 것은 좋지 않으며, 같은 재료를 가지고 여러 번 놀게 하면서 자연스레 반복 학습이 되도록 해준다. 그리고 아이 자신이 만들어낸 결과를 쉽게 확인할 수 있도록 진한 펜과 깨끗한 종이를 준비한다.

　이 시기에는 흙·모래·물·풀·밀가루 같은 자연스런 일반 재료가 좋다. 이런 재료들은 아이의 감각을 다양하게 자극시키고 자연스럽게 소근육 운동을 돕는다. 몇 가지 부재료(나무젓가락, 컵 등)를 사용하면 인과 관계와 조합 능력, 조절 능력을 향상시킬 수도 있다. 이 밖에도 크레파스 놀이, 매직(컬러펜) 놀이, 파스텔 놀이, 물감 놀이(찍기·스펀지·붓 등을 이용), 손가락 풀, 점토 놀이 등이 좋다.

2단계(2~6세 수준) 상징과 직관의 시기다. 개념 정립이 안 되고, 정확한 표현을 하기보다는 직관적인 상징이 드러나기 시작하므로 자신의 성격을 드러내기에 아주 좋은 시기다. 한편 이 시기에는 끊임없이 그림이 변화되며, 언어가 시작되고, 난화만 그리던 아이가 동그라미를 그리고 사람을 그리기 시작한다. 또 자기 주장이 강해지면서 표현하는 방식도 독특해진다.

　그림이 수시로 변화하는 것은 아직 개념이 똑바로 세워지지 않아서이므로, 명확하고 확장된 개념을 형성할 수 있도록 도와주어야 한다. 예를 들어 아이가 사람의 눈을 그렸다고 하자. 그러면 다른 그림이나 사진에서 여러 형태의 눈을 찾아본 뒤 그것을 오려서 붙여보게도 하고, 직접 눈을 만져보게도 한다. 사람의 눈에 대해 이야기하면서 실물이나 자료를 보고 만지게 하는 것이다.

　또한 상징화 능력을 키워주어야 하는데, 미술 재료를 통하여 생활 경험을 흉내 내게 하는 것이 좋다. 사건, 사물, 사람을 흉내내보도록 하거나, 몸짓과 소리를 사용한 모방 놀이를 하는 것이다. 호랑이를 그려놓고 호랑이 울음소리나 행동을 그대로 따라

해보는 것은 모방 놀이를 통한 상징화 학습이 된다.

한편 이 시기에는 가위나 색종이 다루기, 물감 사용법 등 도구를 적절하게 사용하도록 가르쳐야 한다. 그리고 한 번에 끝나지 않는 복잡한 활동은 단계를 나누어 차차 익힐 수 있도록 도와주는 것이 필요하다.

또 자율성이 강해지는 시기이므로 아이가 혼자서 미술 작업을 이끌 수 있도록 격려해야 한다. 아이 스스로 독립성을 가지고 그리는 대상과 재료를 선택하게 하는 것이 중요하다. 성취감과 만족감을 얻을 수 있도록 아이의 발달 수준에 맞추어 적절한 프로그램을 제공해줘야 하는 것이다. 그리기, 사진과 여러 재료를 활용한 콜라주, 물감을 이용한 연상 놀이, 셀로판 놀이, 구성 놀이, 의인화 놀이 등이 적합하다.

3단계(6~12세) 2단계에서 강하게 나타나는 자기중심성에서 벗어나 논리적이고 객관적인 시각을 갖추게 되는 시기다. 다른 사람의 입장이나 사고 등을 추론해서 이해하는 능력이 생긴다. 그리고 '우리'라는 생각을 할 수 있는 집단의식이 생겨나 자신의 감정뿐 아니라 다른 사람의 감정에도 관심을 가지면서 공동 작업이 가능해진다.

이때는 사실적으로 그림을 표현하려고 애쓰는 시기로, 자기 뜻대로 되지 않아서 실망하는 일이 없도록 배려한다. 또한 사물에 대한 개념을 확립시키기 위하여 개인의 경험이 충분히 표현된 그림을 그릴 수 있도록 해야 한다. 예를 들어 치료자가 여러 가지 소재를 제시하면 아이가 그 가운데 몇 가지를 고르게 한다. 그리고 아이가 상상하여 이야기를 꾸며보고, 그 이야기가 담긴 그림을 그려보게 하는 것이다.

Tip 로웬펠트(V.Lowenfeld)의 미술 표현 발달 단계

단계	주요 특징
난화기(2~4세)	● **무질서한 난화기**: 감각이 주변 환경과 접촉하면서 그 반응으로 그리기 시작한다. 동작을 통제하지 못하며 무의식적으로 표현한다. ● **조절하는 난화기**: 동작이 반복되어 시각과 근육 활동 간의 협응이 시작된다. 선이 일정한 반복으로 나타난다. ● **명명하는 난화기**: 무의식적인 접근이 점차 의식적인 접근이 되어 자신이 그려놓은 난화에 이름을 붙이기 시작한다.
전도식기(4~7세)	표현된 것과 대상과의 관계를 발견하기 시작하며 자신이 알고 있는 것을 그린다. 반복을 통해 한정된 개념을 발달시킨다. 인물·나무·해·산 등을 주로 그리고, 모든 것을 자기중심적으로 표현한다.
도식기(7~9세)	자신과 대상과의 관계를 공식화하고 그것을 도식화하여 표현한다. 중요한 부분을 과장하고, 중요하지 않은 부분을 생략하며, 주관적인 인물과 공간 개념을 표현한다. 기저선이 나타나 바닥이나 땅을 표현한다.
또래집단기(9~11세)	또래집단의 의사를 존중하고 도식으로부터 벗어나기 시작하며 세부 표현이 나타난다. 중첩과 기저선 사이의 공간을 인식하게 되며 위에서 본 모습을 표현한다.
의사실기(11~13세)	사실적으로 표현하려고 애쓰며 시각형과 비시각형인 경향이 나타난다. 배경과 원근감, 비례 등을 표현한다.
결정기(청소년기 : 13~17세)	환경을 창의적으로 받아들이며 **표현 유형이 촉각형·시각형·중간형**으로 뚜렷이 구별된다. 시각형은 외관과 비례, 명암, 배경, 원근 등을 중시한다. 촉각형은 내면 정서의 표현, 색채나 공간 표현이 주관적이다.

우리 아이의 마음은 어떤 빛깔일까?

아동 미술 심리

아이들의 그림은 그들의 마음을 보여준다. 너무 어려서 그림을 잘 그리지 못하거나, 어떤 문제 때문에 그림 그리기를 거부하지만 않는다면 말이다. 만일 그림 그리기를 거부하는 경우라면, 그 사실만으로 그 아이의 현재 심리 상태가 불안정하다는 것을 읽어낼 수 있다. 아니면 자신감이 없는 경우도 그렇다.

그림은 가족 관계나 성장 배경 등 아이를 둘러싼 세계를 반영할 뿐만 아니라 아이의 발달 상황이나 성격, 심리 상태 등을 숨김없이 나타낸다. 말로는 표현 못하는 속마음이나 두려움 때문에 말하지 못하는 것들도 그림을 통해서는 솔직하게 드러낼 수 있다. 특히 심한 학대를 받거나 어떤 사건으로 마음을 크게 다친 아이들은 자신을 솔직하게 표현하는 것을 두려워한다. 그러나 그림은 다르다. 아이들은 그림을 통해 자신의 내면을 숨김없이 그대로 표현한다. 이로 인해 외부와의 의사소통이 가능해지고 문제 해결의 실마리를 찾을 수 있게 되는 것이다.

아이의 그림을 깊이 이해하기 위해서는 아이가 특히 어떤 스타일로 그리는 것을 좋아하고 또 싫어하는지를 파악하고, 즐겨 쓰는 색이나 형태 등을 관찰해야 한다. 또한 아이와 그림에 대해 이야기함으로써 서로를 믿고 이해할 수 있어야 한다. 그러면서 아이가 자신의 생각과 관심을 다른 사람과 이야기하는 카타르시스를 느낄 수 있도

✿ 비가 내려도 우산을 쓰지 않는 모습을 통해 뭔가 문제가 있음을 드러낸다. 단추를 크게 강조하거나 권위적이고 위압적인 아버지의 모습에서 자신감이 많이 저하된 아이임을 알 수 있다. ✿ 주변에 아무도 없이 달랑 혼자만 있다. 자기 혼자서 달리기 대회를 준비했지만 친구들은 그 누구도 참석하지 않았다. 이 그림에서 친구들과의 사이가 좋지 않다는 것을 짐작할 수 있다. 말풍선에 직접 써넣은 '아무도 참가하지 않았어요' 라는 말에서 허탈감이 느껴진다.

록 해주어야 한다. 이렇듯 그림의 변화 과정과 그 변화에 대한 아이의 이야기를 들으면서 차차 아이의 마음 상태를 완전히 이해하게 될 것이다.

아이의 그림에서 정서적인 의미를 갖는 중요한 요소는 대상의 크기와 그림을 그리는 태도, 즐겨 사용하는 색깔이다. 먼저 대상의 크기는 일반적으로 그림에 나타나는 사람의 상대적 크기인데, 인물화에서 사람의 크기는 큰 의미가 있다. 아이들은 그림 속의 사람을 통해 자기 자신을 상징적으로 드러내고, 자기 자신에 대한 감정을 반영하여 자기상을 만들어낸다. 만일 사람을 아주 작게 그렸다면 그것은 아이의 자아존중감이 상당히 낮다는 것을 나타낸다. 또 자신을 방해하는 어른들로부터 자기 자신을 감추고 싶다는 마음이 드러나 있는 것이기도 하다.

아이가 미술 활동을 하면서 어떠한 태도를 보이며, 또 재료를 어떻게 사용하는지 관찰하는 것도 중요하다. 예를 들어 폭력을 경험한 아이들은 재료를 사용할 때 경계하는 태도를 보이고 두려워하는 경향을 나타낸다. 그림을 그리는 작업 자체가 아이에게 공포심을 불러일으키기도 한다.

한편, 아이가 즐겨 쓰는 색은 그 아이의 성향을 가장 잘 드러낸다. 그러나 미술 발달의 초기 단계(18개월~4세)에서는 일반적으로 아이가 색을 의식해서 선택하지 않고, 손에 가장 먼저 닿는 것을 잡는다. 3단계(4~6세)에 이르러서야 비로소 주관에 따라 자신이 직접 좋아하는 색을 고른다. 어떤 아이들은 주변 환경을 인식하고 그것을 자기가 그리는 그림에 색으로 연관시키기 시작한다. 그리고 4단계(6~9세)에서는 도식적으로 색을 사용하게 된다. 예를 들어 나무줄기는 갈색으로, 나뭇잎은 초록색으로 그리는 것이다. 이 시기에는 많은 아이들이 같은 법칙으로 색을 선택하므로, 특이하게 색칠하는 경우를 쉽게 볼 수 있다. 5단계(9세 이상)의 아이들은 색을 사실적으로 사용하는 경향이 있어서 눈에 보이는 색깔대로 칠하기 쉽다.

위의 요소들을 고려하면 아이의 그림을 어느 정도 파악할 수 있다. 그러나 이것만으로는 아이들이 표현한 작품의 의미를 완벽하게 이해하기가 사실 어렵다. 그림을 통해 아이의 마음을 제대로 읽기 위해서는 먼저 아이가 처한 상황이나 개인적인 취향 등을 고려해야 하고, 완성된 그림에 대해 아이와 깊이 대화하면서 상호작용하는 과정이 반드시 있어야 한다.

아이가 즐겨 쓰는 색으로 알 수 있는 일반적인 성향은 다음과 같다.

빨강 일반적으로 아이들은 빨강을 좋아하고 즐겨 쓴다. 이런 아이는 비교적 자유로이 느낀 대로 행동하고 반응이 빠르다. 주변 사람들과의 관계가 좋고 협동적이지만, 굵고 진하게 칠하는 경우는 적의가 있는 공격성을 보이기도 한다. 빨강을 좋아하는 아이는 비교적 활동적이고 원만하나 굵은 색으로 다른 선 위에 덧칠하는 경우는 욕구 불만이 많고 고집이 센 경우가 있다.

주황 주황을 좋아하는 아이는 주위 환경에 잘 순응하고, 공상적인 놀이로 실생활에서 도피하려는 경향이 있다. 적극적이고 활동적이며 명랑한 아이가 많이 사용한다. 성격이 소극적이고 내성적인 아이가 이 색을 많이 사용하면 원기왕성한 생동의 충동을 느끼고 적응력이 생긴다. 하지만 지나치게 많이 사용한다면 이기적이고 경박한 경향이 있다.

노랑 과잉보호 속에서 자란 어린 아이가 많이 쓴다. 아무 걱정이 없고 행복하며 명랑하다. 이 색을 지나치게 많이 쓰는 아이는 의존적인 성향이 있는데, 유아의 상태에 머무르고 싶어 하는 욕구가 강하다. 노랑과 파랑을 동시에 사용하면 성장하고 싶은 욕구가 있는 것이고, 노랑을 많이 쓰면 남에게 자신을 드러내고 싶어 하는 속마음을 표현하는 것이다.

초록 초록색을 좋아하는 아이는 자기 자신에게 만족하며, 스스로 확신을 가진다. 모든 일을 생각해서 행동하고 매사에 신중하다. 일상생활에서 협조적인 태도를 보이고 질서 의식과 이해심이 많다. 그리고 자기 감정을 쉽게 표현하지 않으며, 빨강을 좋아하는 아이에 비해 자기 억제적이다. 성격은 안정되어 있으나 감정은 결여되어 있는 것으로, 주로 엄격한 가정에서 자란 아이가 많이 사용한다.

파랑 파랑색을 엷게 칠하는 아이는 비교적 밝은 성격이며 주위 환경에 잘 적응한다. 성격은 이지적이고, 이상적으로 영원을 바라는 심정이 강하다. 힘주어 덩어리째 진하게 칠하면 자기중심적이고 주위와 잘 조화되지 못하는 경향이 있다. 또 파랑을 즐겨 쓰는 아이는 냉철한 사고력을 가지고 있다. 하지만 자기 감정을 억제하고 명상에 잠기거나 냉정하고 내성적이어서 우울한 감정에 빠지는 경우도 있다. 외적인 규범에 맞추려는 경향이 짙다.

보라 고집스러울 정도로 보라색을 많이 사용하는 아이는 불행한 느낌과 관계를 가지고 있으며 심리 상태가 불안정하다. 친구들로부터 고립되어 있는 아이가 많고, 자신의 감정을 잘 표현하지 않고 사랑을 그리워하는 형이다. 이런 아이는 감상적이어서 우울하고 고독한 감정에 잘 빠진다.

갈색 갈색을 많이 쓰는 아이는 유아적인 상태로, 의존적이며 현실 적응 능력이 떨어지는 성향이 있다. 청결한 습관을 강요받거나 너무 빨리 대소변을 가리게 했을 때 이 색을 많이 사용한다. 억압과 청결에 대한 반발심이 있다. 성격은 순박하고 성실하며 정직하고, 책임감과 의무감이 강하다. 주로 농촌 어린이가 많이 쓴다.

검정 검정을 즐겨 쓰는 아이는 자유로운 감정의 흐름이 결여되어 있고, 공포나 불안을 안고 있으며 압박감을 느끼는 경우가 많다. 또 공격적이고 사치스러운 경우에도 검정을 많이 쓴다. 그림을 그린 뒤에 테두리에 검정 선을 두르는 것은 정서적인 결핍으로 고립된 자기 자신을 인정받고, 사랑받고 싶다는 의미로 해석된다. 색을 겹쳐 칠하는 경우에는 밑의 색은 본래의 감정을 의미하고, 위에 덧칠하는 색은 자기 감정을 외부에 노출되지 않게 숨기려는 의도적인 행동으로 볼 수 있다.

흰색 흰색은 유아기를 벗어난 아이가 주로 사용하며, 자기 모습을 남에게 드러내 보이고 싶을 때 이 색을 쓴다. 두려움과 무기력도 흰색으로 표출되며, 거짓말을 잘하는 아이는 다른 색 위에 흰색을 덮어 칠하는 경우도 있다.

회색 회색을 많이 사용하는 아이는 어린이답지 않게 노숙하고 점잖게 보이려고 노력한다. 성격은 겸손하고 내성적이어서 무난하지만, 우울한 면도 있고 적극성과 생동감이 약하다. 또 대인 관계가 원만치 않으며 경계심이 강하고 열등감을 많이 가지고 있다. 가정에서 억압당하는 느낌을 만성적으로 가지고 있는 경우가 대부분이다. 아주 밝은 회색은 이 같은 상징성을 가지나, 어두운 회색은 검정에 가까운 의미를 담고 있다.

그림으로 마음읽기

미술 치료에서는 그림이 진단 도구가 된다. 그림은 진솔한 자기 고백이며 의식 또는 무의식의 내면세계를 거울에 비추듯 드러낸다. 따라서 그림은 말이나 글보다 가장 단순하고도 풍부하게 자기 자신을 표현할 수 있는 수단이며, 닫힌 마음의 문을 열어주어 적극적으로 자신의 삶을 이끌어갈 수 있도록 해준다. 또한 그림은 아직 표현력이 부족한 어린 아이나 심한 상처와 고통으로 말문을 닫아버린 사람들 모두에게 큰 효과가 있다. 아이들의 마음을 읽는 데 그림만한 것이 없다.

그림으로 진단하는 마음의 비밀

그림 진단, 어떻게 할까

미술 치료를 할 때는 그림을 진단 도구로 사용한다. 그림에 나타난 표현은 그린 사람의 개인적 진술이며, 그 안에 의식적·무의식적 내용을 담고 있기 때문이다. 그림은 가장 단순하고도 풍부하게 자신을 표현할 수 있는 방법이며, 검사자 혹은 치료사와 접촉할 수 있는 가능성을 확장시킬 수 있는 매개체이다. 또한 그림은 언어적 치료법을 보완해줄 수 있는 도구가 된다.

치료하는 입장에서 보았을 때도 그림 진단 검사는 그 어떤 검사 도구보다 경제적이며, 대상이 누구라도 쉽게 그림을 그릴 수 있기 때문에 간편하다. 또 그림은 말로 하는 것보다 훨씬 편안하게 다가갈 수 있는 매체이므로, 검사 받는 사람도 다른 검사를 받는 것보다 한결 이완된 상태가 될 수 있다는 장점을 갖고 있다.

이 장에서는 대표적인 몇 가지 검사 기법을 통해 그림에 나타나는 상징의 의미를 알아보도록 한다. 단, 이런 상징들을 이해하는 데 진단 기법은 참고 이상의 것이 되어서는 안 된다. 각각의 진단법에 대한 이론적인 검증은 아직 부족하며, 개인의 주변 환경이나 자라온 배경에 따라 해석이 달라질 수 있기 때문이다.

따라서 그림으로 진단할 때는 대상의 연령, 환경, 상황, 특성 등을 총체적으로 고려해야만 어느 정도의 객관성을 얻을 수 있다. 그림을 구성하는 부분들의 가능한 의미들을 생각하고, 또 그것들을 전체적으로 함께 생각해볼 때 비로소 그림 속에 투영된 그린 이의 내면세계를 비교적 객관적으로 파악할 수 있을 것이다.

한편 검사를 받는 사람에게 잘 그린 그림을 강요해서는 안 되지만, 그렇다고 무성의하게 그리도록 방치해서도 안 된다. 성의 있는 그림을 그리도록 주문하되, 검사 대상자의 연령대와 상황을 고려하여 편안하고 자연스럽게 그릴 수 있는 환경을 만드는 것이 중요하다. 적절한 공간과 채광 상태, 검사 대상자의 건강 상태, 방해 요인 등을 미리 점검하여 최적의 상태에서 검사를 받을 수 있도록 배려해야 하는 것이다.

만약 검사 받는 이가 그림 그리기를 거부한다면 굳이 검사를 강행하지 않도록 하며, 검사라는 딱딱한 말로 부담을 주어서는 안 된다. 무엇보다 주의해야 할 점은 검사자가 그 검사의 목적을 분명히 알아야 하며, 검사 상황에서 중립적 태도를 지키고, 지시 사항을 자의적으로 바꾸는 일이 없어야 한다는 것이다.

대표적인 그림 검사 기법으로는 나무 그림 검사와 물고기 가족화 검사, 인물화 검사, 동적 가족화 검사(KFD), 집·나무·사람 검사(HTP)가 있다. 이들 검사법은 누구에게나 적용할 수 있으며 종이와 연필, 지우개만 준비하면 어디에서나 할 수 있다. 각 검사당 시간은 30분~1시간을 넘지 않도록 한다.

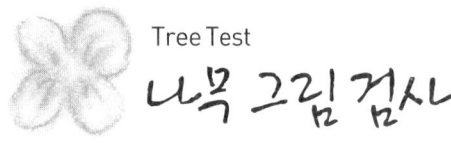

나목 그림 검사
Tree Test

나무 그림은 주변 사람들을 의식하지 않으면서 가장 순수하고 솔직한 내면세계를, 아무런 방어 없이 자유롭게 분출할 수 있게 하는 검사 방식이다. 수많은 나무 그림을 분석하여 인성을 파악했던 코흐(Koch)는 나무 그림을 통하여 개인적 삶의 내용, 즉 전기적 상황과 개인의 성격을 읽을 수 있으며, 나무가 개인의 무의식에 있는 감정들을 반영할 수 있다고 보았다. 또 아이들의 경우에는 인성뿐만 아니라 성장 발달 검사 방법으로 나무 그림 검사를 사용하였다.

나무는 특정 인물을 상징하며, 그 사람에 대한 감정과 욕구를 나타낸다. 보통 나무는 그림을 그리는 자신을 직접적으로 나타내며, 무의식적으로 느끼고 있는 자신의 모습을 나타낸다고 볼 수 있다. 예를 들어 나무가 땅에서 하늘을 향해 뻗어나가는 것은 삶에 대한 동경을 반영한 자기 개방을 나타내는 것이며, 나무 자체는 자신의 성장 과정을 표현하는 자아를 나타낸다.

◆ **과일이 주렁주렁 매달린 나무 그림** 아이들은 때론 한 나무 안에 여러 종류의 과일들을 그려넣기도 한다. 이 그림 역시 사과, 바나나 등등 여러 과일들이 표현되어 있다. 그런데 새도 한 마리, 꽃도 한 송이만 그려진 것으로 보아 아이는 외롭고 부모의 애정을 그리워하고 있음을 드러내고 있다. ◆ **풍성하지 못한 나무 그림** 위로 길게 뻗은 나무줄기만 눈에 띨 뿐 전체적으로 나무만 덩그러니 있는 느낌이다. 자아존중감이 낮고 정서적으로 메말라 있음을 보여준다.

검사 방법 ≫

1 열매가 열리는 나무를 한 그루 그려보게 한다. 2 그림이 완성되면 맨 먼저 지면의 어느 곳에 그렸는지, 그 위치가 한쪽으로 치우쳤는지를 살펴본다. 3 나무줄기와 수관(잎이 무성한 줄기의 윗부분) 크기의 균형 상태, 줄기와 가지에 상처나 잘린 부분, 뿌리를 그렸는지 여부를 본다.

* 준비물_16절지 1장, 연필, 지우개

진단과 해석 >>

나무는 뿌리, 줄기, 가지 등으로 구성되어 있다. 나무 그림을 진단하기 위해서는 무엇보다 이러한 기본적인 구성 요소가 있는지 확인해야 한다. 그 다음에는 필압(drawing pressure)과 형상, 위치 등을 살펴본다.

1. **나무에 있는 동물들** 가장 흔한 것이 다람쥐로, 행동에 대해서 연속적으로 박탈 경험을 갖고 있는 사람들에 의해서 종종 그려진다. 몇몇 의존적인 사람들은 나무 구멍 속에 동물을 둠으로써 따뜻하게 보호받는 자궁 속에 있는 것을 상징한다.

2. **열매** 떨어지는 혹은 떨어진 열매들은 거리감이나 죄의식을 나타내며 상실감, 허탈감에 휩싸이는 '타락한 천사 증후군'은 종종 성폭력과 같은 외상 뒤에 나타난다. 열매의 크기는 욕망의 정도를 나타내고, 떨어지는 열매는 상실감, 체념, 집중력 결여를 나타낸다.

3. **나무껍질** 벗겨진 경우는 어렵고 난폭한 생활을 의미하며, 진하게 그려진 것은 불안감을 상징한다. 지나치게 자세히 그려진 것은 강박감, 완고함, 강박관념을 통제하려는 시도들을 나타낸다.

4. **가지들** 울창한 가지는 자신감과 자기 자아에 대한 집착을 보여준다. 좌우대칭 가지는 통제를 위한 강박적인 욕구를 나타낸다. 집을 향해 있는 좌우비대칭 가지는 가족이나 안정에 대한 관심, 애착을 상징한다. 집에서 멀리 떨어져 있는 가지는 가족들로부터 멀리 떨어져 독립적으로 성장한 경우를 보여준다. 꺾여 있거나 잘려진 가지는 외상 혹은 거세에 대한 감정이다. 죽은 가지는 생활 일부에서의 상실감이나 공허함을 나타낸다. 버드나무처럼 아래로 늘어진 가지는 '미안함'을 나타내는 경향이 있고, 과거에 집착하는 사고를 가지고 있다. 어린나무는 미성숙이나 공격성을 상징한다.

5 뿌리 나무뿌리를 강조한 경우는 미성숙이나 '정착되지 않은 일'과 관련된 과거에 대한 관심을 표현한다. 죽은 뿌리는 초기 생활에서의 강박적, 우울증적인 감정을 나타낸다. 손톱·갈퀴와 같은 뿌리는 의지하고 있는 사람이나 장소를 나타낸다. 도화지의 가장자리에 그려진 뿌리는 불안정감, 안정에 대한 욕구를 보여준다.

6 줄기 일반적인 모양의 줄기는 성장과 발달에서 에너지, 창조적 생명력, 리비도, 생활의 느낌에 대한 감정을 반영한다. 줄기에 있는 외상의 표시들은 심각한 외상을 경험했던 나이를 반영하는 것 같다. 꼭대기로 갈수록 가늘어지는 줄기는 약화된 활력, 즉 쇠약함을 나타낸다. 희미하게 음영이 진 줄기는 수동성을 나타낸다. 줄기에 있는 상처는 외상 경험을 반영하는 경우도 있다. 바람에 흔들리는 줄기는 환경에서의 압력과 긴장들을 나타낸다.

7 기타 나무 전체가 오른쪽으로 기울면 감수성과 불안감을 상징하며, 풀을 그려넣으면 정서가 풍부한 상태를 말해주기도 한다.

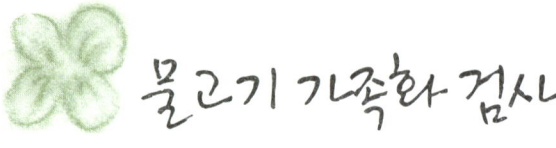
물고기 가족화 검사

물고기 가족화는 어항을 그린 도식을 주고, 그 안을 자신이 마음껏 꾸미게 하는 것이다. 이 검사법은 가족 관계의 역동성을 나타내며, 현재 심리적 갈등을 일으키는 주제를 파악하는 데 유용하다. 어항은 '프라이버시가 없는 상태'라는 중의적 의미를 가진다. 그러므로 가족 내의 역동성을 물고기라는 매개체를 통해 별 저항 없이 표현하게 된다.

어항과 물고기의 조화가 적당하고 동적인 움직임이 있으며, 공간이 여유롭고 물풀이 조화롭게 있으면, 정서적으로 안정되었다고 해석한다. 나를 중심으로 그려졌을 때 '나'의 위쪽에 위치한 배열은 권위적이고 지배적임을 보여주는 상징이다. 또 수평적이거나 아래쪽에 위치해 있으면 편안한 관계를 나타낸다.

주어진 어항 그림에 손잡이나 받침 등을 그려넣는 등 뭔가를 보태는 행동은 불안한 심리 상태와 외부로부터 도움 받기를 요청하는 안전에 대한 욕구로 해석된다. 또한 주변 장식을 하지 않고 물고기만 그리는 경우는 가족 관계에 치중한 관심도나 고민을, 반대로 주변 장식에 치중하면 가족을 벗어난 인간 관계에 대한 관심을 갖고 있다고 본다.

🔴 **어항 속 물고기 가족 그리기** 어항 속이 꽉 찰 정도로 물고기, 자라, 문어, 상어, 물풀까지를 빽빽이 그려넣었다. 아동이나 청소년 중 일부는 어항을 바다로 생각하고 다양하게 표현하는 경우가 있다.

🔴 **물고기 가족화 그림** 가족 대신 물고기를 그리게 함으로써 가족 관계를 알 수 있다. 물고기마다 선으로 에워쌌는데, 이는 외부의 어떤 침입으로부터도 가족이 안전하게 보호되었으면 하는 의미가 담겨 있다. 부모의 재혼으로 새로운 가족이 구성된 뒤 아이가 느끼는 감정이 물고기에 반영되어 있다.

검사 방법 »

1 어항을 그린 도식을 주거나 직접 그리게 한 다음 물고기의 가족을 그리게 한다. 2 반드시 물고기 가족이 뭔가를 하고 있는 그림을 그리게 한다. 3 단, 자기 집에 있는 수족관이나 어항 등의 실물을 보고 그리면 안 된다. 4 "자신이 꾸미고 싶은 것이 최대한 표현될 수 있도록 잘 그려주세요"라고 지시한다.

* 준비물 _ 16절지1장, 연필, 지우개

진단과 해석 »

1 물의 양 어항에 물이 2/3 정도 차게 그린 모양은 정서적으로 안정된 상태지만, 절반 이하는 정서적인 결핍으로 해석할 수 있다.

2 물고기의 형태 지나치게 큰 물고기는 자기중심적이며 외향적인 성격을 나타낸다. 반면 지나치게 작은 물고기는 자아 축소와 내향적인 성격을 나타낸다. 중심에 모양을 넣어 화려하게 꾸민 물고기는 감정적이며 감각적인 면이 많음을 보여준다. 또한 이를 드러낸 물고기 모양은 부정적이며 억압을 받아서 정서 상태가 공격적인 상태임을 상징한다. 새끼 물고기나 임신한 엄마 물고기 또는 새끼 물고기의 집을 그린 경우는 유아기적 퇴행과 모성 회귀 욕구를 말해준다.

3 기타 그림을 그린 연필 자국이 선명하게 드러나지 않은 필압은 자신감이 결여된 상태를 나타낸다. 또한 그리다가 지워진 부분에는 반드시 심리적인 원인이 숨어 있는 것으로 해석해야 한다. 물고기보다 물풀이 지나치게 무성하거나 자갈을 크게 그려넣으면 숨고 싶어 하는 비사회화와 열등감을 보여준다.

Draw A Person(DAP) Test
인물화 검사

인물화를 이용한 성격 진단 검사는 보다 더 깊이 잠재된 무의식의 심리 현상을 드러낼 수 있다. 따라서 가장 기본이 되는 그림 심리 검사라고 할 수 있다. 대부분의 사람들은 인물을 그릴 때 자신과 아주 가까운 대상이나 자기 자신을 스스로 표현하는 경우가 많기 때문이다.

특히 아이의 내면 세계, 즉 흥미·욕구·갈등·성격·인지 능력 등을 진단하는 데 유용한 검사 방법이다. 1926년 미국의 심리학자인 굿이너프(Goodenough)는 인물화 검사를 아동의 지능 측정을 위한 심리 검사 도구로 발표함으로써 그림과 지능의 관계를 규명했다.

인물화 검사는 다른 검사와 마찬가지로 그림을 그리는 사람의 자유를 최대한 보장해 주어 자신의 이상과 현실, 즉 이상적인 자신에 대한 존재와 자기상이 일치하도록 해야 한다. 인물화를 그릴 때는 잘 그리고 못 그리는 것은 그다지 중요하지 않다. 또한 묘사된 인물의 각 부분의 특징보다는 각각의 신체 부분들의 관계가 중요하다. 팔, 다리 등 각각의 신체 부분들의 비율이 정확하게 조화되어 있는지, 남자와 여자의 모습이 어떤 차이를 보이고 있는지 등을 모두 고려하여 해석해야 한다.

🔵 **자기중심성이 강한 아이가 그린 인물화** 자신감이 넘치는 아이는 대개 스스로를 크게 그린다. 이 그림을 보면 인물이 하늘을 찌를 듯 크게 묘사되어 있는데, 이것은 그만큼 아이가 남보다 우월한 감정을 갖고 있음을 보여준다. 🔵 **폭력성이 강한 아이의 인물화** 묘사력은 뛰어나지만 아이의 성격에 문제가 있음을 보여준다. 그림 속 아이의 양손을 보면 칼, 전기톱 같은 무시무시한 물건이 들려 있다. 날카로운 물건들은 폭력을 시사한다. 또한 한쪽 발이 비정상적인 형태로 그려졌는데, 사회성에도 문제가 있음을 알 수 있다.

검사 방법 ≫

1 정상적인 사람을 그리라고 지시한다. 이때 막대 모양이나 졸라맨 같은 형태의 사람은 안 된다고 말한다.

* **준비물** _ 16절지 1장, 연필, 지우개

진단과 해석 >>

1 그림의 크기 종이 크기에 대한 그림의 상대적 크기는 그린 사람과 그를 둘러싸고 있는 환경과의 관계를 나타낸다. 인물이 작게 그려졌으면 개인은 위축되고 스스로 작게 느끼고 있으며, 환경의 요구에 대해 열등감과 부족감을 느끼고 있는 경우이다. 반대로 인물이 종이를 가득 채울 정도로 크게 그려졌으면 우월한 자아상을 보이며, 공격적인 태도로 주변 환경과 관계를 맺은 경우이다. 즉, 자신감이 지나치게 넘쳐 자기중심적인 사고를 갖고 있으면 인물을 크게 그리는 경향이 있다. 또 열등감이 심할 경우에도 보상 심리로 인해 인물을 크게 그릴 수 있다.

인물이 자아상을 나타내지 않고 이상적 자아상 또는 부모상을 반영할 수도 있다. 그림에 부모상이 투사되는 경우에 그 인물이 크게 그려졌다면 강하고 능력 있고 의지할 수 있는 부모상이다. 때로는 위협적이고 공격적이고 벌을 내리는 부모상을 반영하기도 한다.

2 인물화의 순서 대부분의 경우, 그리는 사람과 성(性)이 같은 인물이 먼저 그려진다. 간혹 이성 인물이 먼저 그려지는 경우에는 동성애자일 수도 있다. 때로는 성 정체감의 혼돈이나 성적 도착, 이성 부모에 대한 강한 애착과 의존 또는 이성에 대한 강한 애착과 의존의 표현이기도 하다.

3 그림의 위치 종이의 중앙보다 위쪽에 위치한 경우 불안정한 자아성과 연관이 있다. 종이의 왼쪽에 위치하면 자아 의식적이며, 내향적 성향을 나타낸다. 중앙보다 아래쪽에 위치하면 보다 안정된 상태 또는 우울감, 패배감을 나타낸다. 적절하게 중앙에 위치한 그림은 긍정적인 자아 중심적 성향과 관계가 있다.

4 인물의 동작 매우 활발한 움직임을 보이는 경우 운동에 대한 강한 충동 또는 불안정하여 안절부절 못하는 상태, 정서장애의 조증 상태를 보여준다. 자세가 엄격하고 굳어 있어 움직임이 적은 경우는 강박적인 억제의 표현이며 깊이 억압되어 있는 불

안이 마음속에 있음을 보여준다. 앉아 있거나 기대고 있는 경우는 활동력이 약하고, 정서적으로 메마른 상태를 표현한다.

5 신체의 왜곡·생략 신체 부분이 왜곡 또는 생략되어 있거나, 신체의 어떤 부분이 과장되게 강조되거나 흐린 모습으로 나타날 때는 심리적 갈등이 있음을 나타낸다. 각 신체 부분들이 상징하는 것은 다음과 같다.

먼저 머리는 자아 개념과 관계가 있다. 머리카락은 성적 행동력에 대한 추구를 상징하며, 지나치게 강조되면 성적 부적감(不適感)의 표현이기도 한다.

입을 강조하면 성적 욕구가 크거나, 성적인 면에 관심이 많음을 의미한다. 눈은 의사소통의 수단이다. 만일 눈동자를 그려넣지 않았다면 자아중심적·자아도취적 성향이 있다고 해석된다. 눈이 크고 강조되어 있으며 한곳을 집중해서 바라보는 모습일 때는 대체로 망상을 지니고 있는 경우이다. 눈을 감고 있다면 현실 접촉을 회피하려는 경향을 보인다.

코는 성기의 상징이며 성적 무력감이 있을 때 흔히 코가 강조되어 그려진다. 턱은 힘과 주도권에 대한 사회적·보편적 상징이다. 턱이 강조되면 강한 욕구, 공격적 성향, 무력감에 대한 보상 심리를 강조하는 표현이다. 귀를 볼 때는 크기와 모양의 왜곡이 중요하다. 망상과 깊은 연관이 있다.

목은 충동 통제를 상징하는 부분이다. 가늘고 긴 목은 충동을 통제하기 어려운 마음 상태를 보여준다. 목을 그리지 않은 상태는 정서의 미숙함을 나타낸다.

팔과 손에서, 만일 손이 생략되었다면 현실 접촉에 어려움을 겪고 있거나 죄책감을 갖고 있다는 의미이다. 반면 손을 강조해 그렸다면 현실 접촉의 불충분함에 대한 보상적 시도이거나 열등감을 보상받으려는 의도이다. 손이 희미한 경우는 대인 접촉과 조정 행동에서의 불안을 나타낸다. 팔은 몸과 가까울수록 수동적·방어적이며 몸 바깥쪽을 향해 뻗어 있을수록 외부로 향하는 공격적인 성향을 보여준다. 주먹을 쥐고 있다면 공격성이 억제되어 있음을 나타낸다.

발과 다리는 사회적 갈등을 잘 드러내는 부분이다. 대개 다리를 저는 아이들은 이 부분을 생략하거나 의자에 앉아 있는 모습으로 그린다. 또 성적으로 문제를 겪은 아이는 허리 아랫부분을 잘 그리지 않는다. 작은 발은 안정되지 못한 불안 심리를 나타낸다. 다리를 지나치게 벌려도 불안정감을 나타낸다. 다리를 벌린 각도가 10°이면 정서적으로 안정된 상태이며, 더 벌어질수록 불안한 감정을 나타낸다. 긴 다리는 자율성에 대한 욕구, 뒤로 향한 발은 환경에 대한 두려움을 표시하기도 한다.

Kinetic Family Drawing(KFD) Test
동적 가족화 검사

동적 가족화 검사법은 가족화(Drawing a Family)에 움직임(Kinetic)을 준 것이다. 이 검사법은 가족의 역동성을 드러내며, 가족 안에서 자신의 역할을 어떻게 평가하고 있는지 자연스럽게 이끌어내는 장점을 가진다.

가족화는 그림으로 표현되는 내용물 하나하나에 그 상징성을 부여한다. 상징은 무의식의 포장된 표현으로, 문제를 해결하는 실마리이자 그림을 해석하는 단서가 되기 때문이다.

부모의 위치나 자신의 위치, 크기, 동작, 표정, 전체적인 그림의 조화, 스타일 등을 통해 가족의 역동성을 엿볼 수 있다. 나아가서 문제가 되는 근본적인 원인과 사회에 대한 적응 정도를 가늠해볼 수도 있다. 대상이 성인이냐 아동이냐에 따라 다소 차이가 있지만, 대부분의 문제는 가족에서 비롯되는 경우가 많기 때문이다.

현재 가족이 겪는 문제가 없다 하더라도, 유아기의 엄마 또는 다른 가족과의 애착 관계에 문제가 있을 수도 있다. 따라서 가족화는 숨어 있는 문제를 밖으로 끄집어내 해결하는 데 유용한 그림 심리 검사이다.

○ **가족을 표현한 그림** 동적 가족화를 그릴 때는 움직임이 있는 가족의 모습을 표현해야 한다. 온 가족이 놀이공원에 놀러간 모습을 그렸다. 할머니, 할아버지, 아빠, 동생 등 가족 모두를 그리면서 엄마의 모습이 잘 드러나지 않는 점이 눈에 띈다. 새엄마를 그렸다 지웠다 하면서 가족 속에 넣을지 말지 망설이는 아이의 마음이 드러나 있다.

검사 방법 >>

1 "당신을 포함해서 당신의 가족 모두가 어떤 행동을 하고 있는 그림을 그려보세요. 만화 또는 막대 그림을 그려서는 안 되고, 꼭 움직임이 있는 그림을 그려 보세요" "가족 구성원들이 무언가를 하고 있는 모습을 그려야 합니다. 그리고 자신을 꼭 그려주세요"라고 지시한다. 2 그림을 그릴 사람과 이야기를 나눈다. 적당한 질문을 던진 다음 대답을 들으면서 그림을 분석한다. 가장 주의해야 할 점은 지시하지 말고 수용적인 태도로 검사를 시행해야 한다는 것이다. 3 연필화로 하는 이유는 색채가 주는 심상과 감정을 제외시키기 위해서이다. 색채화를 하게 되면 그리는 이가 색채에 부여하는 심상과 감정이 복잡해진다.

* **준비물** _ 16절지 1장, 연필, 지우개

> 진단과 해석

1 인물상의 행위 action 인물상의 행위는 역동성과 크게 관련된다. 그리는 사람의 행위가 다른 가족과 어떤 상호작용을 하고 있는지, 가족 중에 누구와 가장 활발하게 움직이는지, 또 누구와 가장 움직이지 않는지 등과 같은 가족 구성원과의 관계, 전체적인 역동성을 엿볼 수 있다.

또한 인물상의 행위는 가족의 직업, 취미, 가정에서의 역할 등을 나타내는 것이 대부분이다. 정상적인 아이의 그림에는 주로 집안일을 하는 어머니의 모습과 TV를 보거나 잠을 자는 아버지 등이 표현된다.

2 그림의 양식 styles 그리는 사람은 그림의 거리, 위치, 접근을 통해 자신의 무의식들을 나름대로 포장하여 교묘하게 드러낸다. 자신과 관계가 좋은 대상은 거리가 좁거나 마주보고 있으며 그 사이에 장애물이 없다. 하지만 관계에 문제가 있는 대상과는 구획을 나눈다거나 자신과 멀찍이 떨어져 있게 하는 등 무의식적으로 단절되어 있음을 나타낸다. 그림이 너무 복잡하거나 가족 구성원 사이에 장애물이 많은 것은 갈등이 많음을 의미한다.

또한 구분이 많은 그림은 개인주의적인 가족 분위기이거나 부모의 관계가 좋지 않을 때, 가족의 애정 표현이 드물거나 허용되지 않을 때, 가족에 대한 불신으로 자신과 가족을 분리시키고자 할 때 나타난다.

포위(둘러쌈)는 강한 공포나 불안의 표현으로, 자신을 외부로부터 단절시키는 표현의 하나이다.

가장자리에 그려진 그림은 방어적인 양식으로, 자신의 문제가 드러남을 꺼려하고 이를 피하려는 경향을 나타낸다.

인물 아래에 선을 긋는 것은 공부할 때 중요한 부분에 밑줄을 긋는 것과 마찬가지다. 특정 인물에 대한 자신의 감정을 표현한 것으로, 불안감을 의미하는 경우가 많다.

위쪽 부분에 선이 있을 때, 즉 한 선 이상이 위쪽 부분을 따라서 전체적으로 그려졌거나 인물상 위에 부분적으로 그려진 경우이다. 종이의 위쪽에 그린 선은 날카로운

○ **암에 걸린 여성이 그린 그림** 이 그림 속에는 집과 나무가 있고, 어디론가 가고 있는 한 여자가 있다. 큰 병에 걸려 홀로 고통 받는 자신의 모습을 간접적으로 드러낸 것으로, 가족과 집으로부터 멀리 떠나고 싶은 우울함을 표현하였다. ○ **우울증에 걸린 청소년 이 그린 가족 그림** 오른쪽 끝에 서 있는 인물은 자기 자신이다. 이 그림 속 가족은 단절된 느낌이다. 바라보는 곳도 제각각이다. 가족 사이에 애정이라고는 보이지 않는다. 가족 관계가 서먹서먹하고 주변에 적막감이 흐르고 있다.

불안 또는 산만한 걱정 또는 공포가 존재함을 의미한다.
그림 또는 인물의 아래쪽에 선이 그려져 있을 때는 현재 심한 스트레스 때문에 불안해하고 있는 상태다. 안정을 필요로 하고 있음을 의미한다.

3 **상징** symbols 상징은 보편적으로 그리는 사물 및 생물에게 공통된 의미를 부여하여 만들어낸 것이다. 사회의 통념, 관습, 상징물이 나타내는 보편적인 의미를 고려하여 아래와 같은 상징과 의미가 나타난다. 즉, 인간의 기준에서 인간이 느끼는 공통된 상징물들을 선정하고 그것에 보편성을 덧붙였다고 할 수 있겠다. 대표적인 상

징물들은 다음과 같다.

공격성·경쟁심은 공, 축구공, 그 밖에 던지는 물체, 빗자루, 먼지떨이 등으로 상징된다. 빗자루와 먼지떨이는 하나의 무기 또는 권력의 상징물로 생각할 수 있다. 빗자루와 먼지떨이로 자신의 지배 영역을 확장하거나 혹은 그만한 지배 영역을 갖고 있다는 것으로 상징된다.

애정·온화·희망은 태양, 전등, 난로 등 열과 빛이 적절할 때의 상징이다. 전등이나 빛은 정상적인 아이의 그림에서 많이 나타나는 상징물로서 빛의 정도, 전등의 크기 등으로 그 의미가 많이 달라진다. 전등의 빛이 적당하고 알맞은 크기로 그려졌다면 이는 애정, 조절, 희망을 표현하는 의미가 된다. 하지만 빛이 너무 강렬하거나 조명기구가 지나치게 크다면 공격성이나 파괴성을 상징하기도 한다.

칼과 총, 날카로운 물체, 불, 폭발물 등은 분노와 적개심, 거부를 의미한다. 이런 상징물들을 많이 그리는 아이는 공격적인 성향이 크다고 할 수 있다.

또한 자전거, 오토바이, 자동차, 기차, 비행기 중에서 자전거를 뺀 나머지 모두는 의존적 요소에 의한 힘의 과시를 상징한다. 그리고 물과 관계되는 모든 것, 즉 비, 바다, 호수, 강 등은 우울함과 억울함을 상징한다.

4 **역동성** dynamics 역동성은 그림을 해석하는 데 아주 큰 영향을 미친다. 특히 가족화는 가족 구성원들의 상호 관계와 감정, 가족 개개인의 특성을 파악하는 것이 무엇보다 중요하다. 그러므로 전체적인 분위기, 인물의 거리, 위치, 그려진 순서, 크기, 방향, 관계를 표현한 묘사가 더 중요한 역할을 한다.

역동성이 없는 가족이라면 그림이 주는 느낌 자체가 경직되어 있을 것이다. 이처럼 역동성은 상징과 달리 본능적으로 어느 정도 감지해낼 수 있는 영역이다. 인물이 그려진 순서는 가족 구성원의 서열, 즉 지배력을 반영한다.

인물상의 위치로 봤을 때 그림의 위쪽에 치우쳐 있는 인물은 가족 안에서 지배자의 위치에 있음을 의미한다. 반대로 아래쪽에 그려진 인물은 상대적으로 지배를 받는 입장이라는 것을 보여준다. 그림의 왼쪽에 있는 인물은 소극적·침체적·자폐적인 성향이 우려된다. 또 오른쪽의 인물은 활동적이고 적극적이며 사회성이 강한 성향으로 해석된다.

인물의 크기는 그 사람이 얼마만큼 힘이 있고 중요한지를 대변한다. 크면 권위적인 대상이고, 작으면 무시할 수 있거나 중요도가 떨어지는 대상으로 해석된다.

인물상들 간의 거리는 친밀감을 의미하며, 거리가 좁을수록 가까운 사이다.

인물상의 생략은 갈등을 나타내는 대표적인 표현으로, 검사지(종이) 뒷면에 그리는 경우에는 가족 전부를 믿지 못하는 것으로 해석된다.

타인을 묘사할 경우는 가족 누구도 신뢰하지 못하고, 친구나 가족이 아닌 다른 사람을 의지하고 있음을 의미한다.

5 인물상의 특징 figure characteristics

동적 가족화는 가족, 즉 인물을 주제로 그림을 그리게 되므로 가족 구성원 각각의 특성이 묘사된다. 대개의 경우 사실적으로 표현하지만, 일부는 사실과 달리 자신이 마음속으로 원하는 형태로 그리기도 한다. 이런 경우에는 실제로 표현되지 않은 인물에 대한 불만이나 느낌을 자신이 그린 그림을 통해 간접적으로 표현하는 것이다. 특히 아이들은 어른에 비해 자신이 약자라는 열등 심리를 갖고 있는데, 가족화를 통해 가족 구성원에 대한 자신의 생각을 표현할 수 있다.

그림에 음영이나 갈긴 흔적이 있을 때는 일반적으로 신체 문제와 직결되는 경우가 많다. 자신이 불안해하는 부분이 드러나는 것을 두려워함으로써, 무의식적으로 방어하기 위해 나타나는 특징이다. 대체로 신체 부분에 음영을 그려넣는다.

신체를 부분적으로 과장한 경우는 특정 부분의 기능에 만족하지 않거나 집착하고 있음을 의미한다. 신체 내부를 투명하게 그리는 것은 현실에 대한 왜곡, 정신 장애가 있음을 뜻하기도 한다.

신체의 부분적 생략은 죄의식의 표현으로, 들키고 싶지 않은 마음을 의미한다. 신체의 특정 부위를 그리는 것을 거부하는 행동은 집착 또는 불안, 죄의식의 표현이다.

House·Tree·Person(HTP) Test
집·나무·사람 검사

집·나무·사람 검사는 1948년 정신분석가 벅(Buck)에 의해 개발되었다. 이 검사의 심리학적 바탕은 프로이드의 정신분석학으로, 투사적인 측면을 강조하고 있다. 따라서 그린 사람의 성격, 성숙, 발달, 융통성 등의 통합 정도와 현실에서 주어지는 문제 해결 능력, 환경과의 상호작용 정보를 효과적으로 파악할 수 있다.

집과 나무, 사람은 모든 인간이 아주 어릴 때부터 가까이에서 접해온 대상으로, 누구에게나 친밀감을 준다. 또 모든 연령의 대상자가 자유롭게 그림으로써 억제된 정서를 나타낼 수 있는 것들이다. 다른 과제보다는 솔직하고 자유스러운 언어 표현이 가능하기 때문에 현재 아동 심리 검사에 아주 쓸모가 많다.

그림을 해석할 때는 연령에 따라 다르게 적용할 수 있고, 현재 당사자가 겪고 있는 문제와 개인적인 이력 등을 함께 고려해야 한다.

○ **집·나무·사람 그림** 주의력결핍 과잉행동장애(ADHD) 아동의 그림으로 집도 나무도 사람도 너무나 단조롭고 건조한 느낌. 나이(11세)에 비해 믿어지지 않을 정도로 그림 묘사력이 현저히떨어진다. 특히 단단히 쥔 주먹은 공격성과 반항을 나타낸다. 손에 쥔 길고 뾰족한 물건으로 매우 폭력적임을 알 수 있다. ○ **속마음을 강하게 분출하는 그림** 크고 강렬한 지붕, 거칠게 색칠된 벽에서 불안하고 억제하지 못하는 에너지가 느껴진다.

검사 방법 >>

1 먼저 4장의 종이를 준비하고 오른쪽 윗부분에 작은 글씨로 1~4까지 번호를 적어둔다.
2 "지금부터 그림을 그려봅시다. 이것은 그림을 잘 그리는지 못 그리는지를 조사하는 것이 아니므로 편안한 마음으로 그리면 됩니다. 또한 이것은 대상을 있는 그대로 그리는 게 아니므로 자신이 생각하고 느끼는 대로 그리면 좋습니다"라고 말한다. **3** 1번이 적혀 있는 종이를 가로로 주면서 "이 종이 위에 집을 그려보세요"라고 말한다. **4** 2번 종이를 세로로 주면서 "이번에는 나무를 한 그루 그려보세요"라고 말한다. **5** 3번 종이를 세로로 주면서 "이번에는 사람을 한 명 그려보세요. 얼굴뿐 아니라 몸 전체를 그려보세요"라고 말한다.
6 4번 종이를 세로로 주면서 3번의 인물과 반대되는 성의 인물을 그리게 한다. "이번에는 남자(혹은 여자)를 한 사람 그려보세요. 이번에도 얼굴만 그리는 게 아니라 몸 전체를 그려보세요"라고 말한다. **7** 그림이 분명히 만화처럼 그려지거나 막대형 그림이거나 추상적인 그림일 경우에는 다시 그리게 하는 것이 좋다.

*준비물 _ 16절지 4장, 연필, 지우개

진단과 해석 >>

이 그림의 해석은 전체적 평가와 형태적 분석과 내용적 분석으로 구분한다. 먼저 전체적인 평가는 그림의 부분적인 요소, 전체적인 분위기, 조화, 구조 등을 바탕으로 사회적인 관계, 신체에 대한 왜곡, 적응력을 파악해야 한다.
형태적 분석은 그림의 필압, 그림을 그려나가는 순서, 위치, 크기, 음영, 지우개의 사용 정도, 운동성 등을 통해 성격을 파악하는 것이다.
내용적 분석은 어떻게 그렸느냐가 아니라 무엇을 그렸느냐가 중요하게 다뤄지며, 이 그림이 표현하는 특징적인 신호는 무엇인가를 살펴야 한다.

1 크기 현저하게 큰 그림은 공격적 경향성, 사치스러우며 과장된 경향성을 의미한다. 반면 현저하게 작은 그림은 열등감, 무능력감, 혹은 부적절한 감정을 의미한다.

2 위치 정상적이고 안정된 경우는 모든 연령에서 가장 공통된 위치다. 종이의 정중앙에 그릴 경우는 불안전감과 완고함, 특히 대인 관계의 완고함을 나타낸다.

종이 윗부분에 그릴 경우는 높은 수준의 열망(어려운 목표를 향해 열심히 노력함)을 의미한다. 종종 부적합한 낙천주의를 나타낸다.

종이 아랫부분에 그릴 경우는 불안정감 또는 부적합한 감정, 우울증적 경향, 패배주의적 태도와 관련된다.

3 필압 강한 필압은 자신감을 나타내며, 몹시 약한 필압은 부적절한 적응 상태를 의미한다.

4 운필 stroke 가로선을 많이 그려 수평적 운동을 강조한 그림은 약함 또는 두려움이 많다는 것을 보여주고, 자기방어적 경향성을 나타낸다. 반면 수직 운동을 강조한 그림은 남성적 독단성과 결단력, 과잉 행동성이 나타날 가능성을 의미한다. 곡선을 강조하면 건강한 성격이며, 관습에 얽매이지 않음을 알 수 있다. 반면 딱딱한 선을 강조하면 완고하거나 공격적 경향성을 나타낸다.

5 집 그림의 해석 집은 그림을 그린 사람이 성장한 가정 상황을 보여준다. 자신의 가정생활과 가족 관계를 어떻게 인지하며, 어떤 감정과 태도를 갖고 있는지를 나타내는 경우가 많다.

굴뚝은 가정에서의 심리적 온정에 대한 지나친 관심, 남성에 대한 성적 관심, 힘이나 창조력에 대한 관심을 의미한다.

문이 아예 없는 집은 심리적으로 얻기 어려운 것이 있음을 말한다. 문이 마지막에 그려진 경우는 사람과 접촉하는 것을 싫어한다는 것을 나타내고, 너무 작은 문은 접근의 까다로움이나 수줍음을 나타낸다. 반면 너무 큰 문은 사회적 접근을 나타내

◐ **집과 나무 그림** 무지개색을 칠한 것으로 미뤄 문제가 해결되었음을 알 수 있다. 나이(9세)에 비해 표현능력이 부족하다.

고, 집 옆쪽에 위치한 문은 현실에서 도망치고 싶다는 마음을 표현한다.

지붕에 그물 무늬의 음영을 넣으면 강한 의식과 그에 따르는 죄의식을 나타낸다.

방들 중에서 침실을 강조하면 우울증 경향이 있는 사람을 위한 은신처를 의미한다. 또 욕실을 강조하면 강박적으로 더러움을 씻어내고자 하는 마음이 있는 것으로, 청결을 강조하는 성향을 나타낸다.

창문이 없는 집은 철회와 상당한 편집증적 경향성을 나타낸다. 또 창문이 많은 집은 개방과 환경적 접촉에 대한 갈망을 나타내며, 크기가 아주 작은 창문은 심리적인 거리감과 수줍음을 드러낸다.

6 **나무 그림(기본적인 자기상)의 해석** 나무에 있는 동물들 중에서 가장 흔한 것이 다람쥐다. 연속적으로 박탈 경험을 가진 사람들이 종종 그린다.

사과나무의 경우, 떨어지는 혹은 떨어진 사과들은 거리감이나 죄의식을 나타낸다. 나무 그림에서 꺾여 있거나 잘린 가지는 외상 혹은 거세에 대한 감정을 의미하며, 죽은 가지는 생활의 일부에서 상실감이나 공허함이 있음을 나타낸다. 위쪽으로 뻗어 올라간 가지는 주어진 환경 속에서 기회를 찾아 가는 것을 말한다. 한편, 줄기에 비해 과장된, 큰 가지는 주어진 환경에서 만족을 얻기 위해 지나치게 노력하는 부적절함을 나타낸다. 또 가지 위에 지은 나무집은 위협적인 환경에서 보호를 찾으려는 시도로 봐야 하는 경우가 있다. 언덕 위에 있는 나무는 종종 정신적인 의존성을 보여주는데, 특별히 나무가 단단하고 크다면 위로 올라가고자 하는 노력을 나타낸다.

커다란 잎들은 부적합성과 관련된 의존성을 나타낸다. 어린 나무는 미성숙이나 공격성을 나타낸다. 나무뿌리를 강조하면 대개 미성숙이나 '정착되지 않은 일'과 관련된 과거에 대한 관심을 나타낸다. 죽은 뿌리는 초기 생활에서의 강박적, 우울증적인 감정을 나타낸다. 손톱이나 갈퀴처럼 생긴 뿌리는 의지하고 있는 사람이나 장소를 말한다.

나무줄기 바깥쪽에 그려진 표시들은 심각한 외상을 경험했던 나이를 반영하는 것 같다. 꼭대기로 갈수록 가늘어지는 줄기는 약화된 활력, 즉 '쇠약함'을 나타낸다. 줄기에 있는 상처는 외상적 경험을 반영하는 경우도 있다. 가느다랗거나 매우 좁은 줄기는 불확실한 적응과 부적합한 생활에 얽매여 있음을 의미한다.

7 **인물화의 해석** 인물화는 집이나 나무 그림보다 자기상을 더 잘 나타낸다. 그러나 인물화는 그리는 사람으로 하여금 경계심을 품게 하고 자기를 방어하려는 생각을 갖게 만든다. 그래서 의식적 혹은 무의식적으로 자신의 모습을 왜곡시켜 나타내며 자기 이외의 다른 인물을 그리는 경우가 많다.

대부분의 사람들은 자신과 성이 같은 인물을 먼저 그린다. 반면 이성상을 먼저 그리는 사람은 이성에 대한 성적 관심이 강한 사람, 성의 동일시에 혼란이 있고 자신의 성적 역할을 심리적으로 받아들이지 못하거나 동성애 등의 가능성이 있다.

인물화에서 보여주는 의미는 다음과 같다.

인물화의 크기는 그린 사람의 자존심과 활동성 등을 의미한다.

머리를 그릴 때 보통보다 크게 표현할 경우는 과대평가 혹은 고도의 열망을 의미한다. 반면 두드러지게 작은 머리는 열등감 혹은 무기력 등을 의미한다. 웨이브가 있고 매력적인 머리카락은 정교한 자기 도취로 표현된다. 반면 머리카락이 없거나 부적절한 경우는 신체적 활력이 떨어졌음을 나타낸다.

얼굴이 생략되고 나머지 부분이 부적절하게 그려진 것은 개인 상호간의 관계가 분명치 않고 피상적임을 의미한다. 희미한 얼굴 형태, 특히 옆면일 경우에는 철회 경향을 나타낸다. 반면 얼굴을 지나치게 강조하거나 강화하는 것은 부적절함과 약함을 공격적으로 보상하려는 표현이다.

눈에 띄게 큰 눈은 의심과 상당한 불안을 의미한다. 보통보다 작거나 감은 눈은 내향적 경향과 자기 도취를 나타낸다. '피카소 눈(혼란되게 그려진 하나의 눈 또는 인물의 얼굴 중앙에 그려진 하나의 눈)'은 다른 사람이나 의미 있는 다른 사람에 대한 과도한 관심이나 경계심을 나타낸다.

지나치게 강조된 큰 귀는 청각장애의 가능성이나 남에 대한 민감성을 보여준다. 압력이나 크기를 통해 코를 특히 강조하는 것은 성적 두려움이나 거세에 대한 두려움 혹은 발기불능(특히 나이든 남성의 경우)을 의미한다.

입을 강조하면 유아 시기로의 퇴행, 야만적 경향성을 의미한다. 반면 입을 생략하면 마음이 우울한 상태이거나 다른 사람과 대화하는 것을 원하지 않음을 보여준다. 보통 이상으로 강조된 턱은 공격적이며 지배적인 경향의 가능성, 강한 충동의 가능성을 나타낸다.

아주 짧고 굵게 표현된 목은 난폭하고 완고하며, 저돌적인 경향을 보여준다. 반면 아주 긴 목은 교양은 있으나 사회적으로 융통성이 없고, 지나치게 도덕적인 경향을 나타낸다.

아주 큰 손은 공격성을 나타내며, 희미한 손은 사회적 상황에서 신뢰감이 부족하거나 일반적인 신뢰감의 결여 또는 생산성의 결여를 나타낸다. 과장된 손은 억제된 충동을 나타내며, 단단히 쥔 주먹은 공격성과 반항을 나타낸다.

매우 긴 다리는 자율성에 대한 강한 욕구를 나타낸다. 허리 아랫부분을 안 그리려고 한다면 심각한 성적 혼란이나 병리적으로 위축된 상태임을 나타낸다.

작은 발, 특히 가느다란 발은 불안정감, 위축, 의존성과 다양한 정신적 신체적 상태들과 관련된다. 발을 그리지 않을 경우는 도피를 의미한다.

그림으로 대화하기

그림을 살펴보면 그린 사람의 마음속 억압된 감정을 알 수 있다. 사람마다 나름대로 문제점이 있듯이 연령에 따라 나타나는 문제점들도 조금씩 다르다. 따라서 미술 치료를 할 때는 먼저 대상이 누구인지 알아보고 거기에 맞는 치료 기법을 선택해야 한다. 부모의 과도한 기대나 비교 등을 통해 학습장애·공격적인 행동 등으로 증상을 표현하는 아동, 자아 정체성의 혼란을 겪고 있는 청소년, 그리고 치매 등으로 고통을 겪는 노인들, 이들이 그림으로 무엇을 말하고 싶어 하는지를 살펴본다.

아동을 위한 미술치료

아동기에 나타날 수 있는 문제들

사랑으로 태어난 아기들은 오랜 시간 부모의 품에서 따뜻한 보살핌을 받으며 자란다. 특히 영유아 시절에는 엄마와 보내는 시간이 많다. 이때 아기와 엄마 사이에는 유대감과 친밀감이 만들어지는데, 이것이 아이의 정서 상태를 크게 좌우한다.

충분한 사랑과 신뢰 속에서 자란 아이는 정신이 건강하고 긍정적인 인성을 갖게 되며 정서적으로 안정되어 있다. 하지만 충분한 애정을 받지 못한 아이는 심리적 결핍감이 마음속에 자리 잡아 커서도 정서 장애를 겪을 가능성이 매우 크다. 또한 지나치게 엄격하거나 간섭이 심한 부모 밑에서 자란 아이는 저항성과 충동성, 의존성을 가진다. 반대로 무관심 속에 방치된 아이는 무감각하고 우울한 성향을 갖게 된다.

한편, 영유아기를 무난하게 잘 보낸 아이라도 초등학교에 다니기 시작하면서 수많은 스트레스에 노출된다. 또래 집단에서의 관계 형성 및 과도한 학습 등으로 인해 어른 못지않은 심리적인 어려움을 겪게 되는 것이다. 게다가 아이들은 사고력과 언어 표현 능력이 미숙하기 때문에 상담만으로 문제를 해결한다는 게 사실 어렵다.

그러나 그림은 언어를 대신해 그 아이의 감정과 생각을 고스란히 드러나게 할 수 있다. 그림이 아이를 둘러싼 세상에 대한 인식과 반영뿐만 아니라 아이의 사고, 감정, 환상, 갈등, 염려 등을 이해할 수 있는 강력한 도구를 제공하기 때문이다. 또한 여러 종류의 미술 재료를 만지면서 얻어지는 감각적 경험들은 그 자체로 치유 효과를 줄 수도 있다.

특히 미술 치료는 내면의 성숙을 돕는 치유의 힘을 지니고 있어서 정신적으로 상처를 입은 아이들을 치유하는 데 효과적이다. 학대받거나 거부된 아이, 지적·정서적 장애를 지닌 아이, 그리고 신체적 장애를 겪는 아이를 돕는 데 탁월한 효과를 보인다.

이처럼 괴로움을 겪었거나 외상을 입은 아이를 대상으로 미술 치료를 실시할 때는, 아무 조건 없이 아이의 모든 것을 있는 그대로 받아들여야 한다. 아이가 자신의 문제를 자연스레 표현할 수 있는 기회를 주는 것이 무엇보다 중요하다. 자기 자신조차 스스로를 받아들이지 못했던 아이들이 내면의 힘을 키워 상처를 치유하고, 극복할 수 있도록 도와줘야 하는 것이다. 그러므로 미술 치료를 할 때는 아이가 그림을 그리는 과정을 끈기 있게 지켜보면서, 자기 자신의 내면을 표현할 수 있는 시간을 충분히 주는 것이 필요하다.

정상적인 아이에게 미술 치료를 실시할 때 역시 아이의 발달 수준에 맞춰 적절하게 활동하고 개입해야 한다. 행동을 구체적으로 지시하고 규칙을 만드는 등의 권위적인 모습을 보여서는 안 된다. 아이들이 두려운 감정이나 구속된 느낌을 받는다면 자신의 생각을 있는 그대로 드러내기보다 눈치를 보려 할 것이다. 따라서 무조건적으로 받아들여지는 이미지와 자유로운 표현을 하도록 격려해줘야 한다.

한편, 미술 치료에 들어가기 전에 반드시 알아야 할 것이 있다. 먼저 아이를 잘 관찰한 뒤에 아이의 현 수준을 정확하게 파악하는 것이다. 비록 실제 나이가 일곱 살이라 하더라도 발달 수준이 네 살 정도라면 치료 방법은 네 살 수준에 맞춰야 한다. 조급한 마음에 앞서가려고 한다면 좋은 효과를 얻기 어려울 뿐만 아니라, 도리어 부작용이 나타날 수도 있다. 그러므로 미술 분야의 전문적인 발달 단계에 따른 기준보다는 아이의 정신적인 발달 단계에 따른 평가가 요구된다.

아이를 평가하는 방법은 먼저 미술 재료를 준 다음, 아이가 그 재료를 보고 어떻게 반응하는지를 살피는 것이다. 이때는 재료를 사용하는 능력과 기술 수준을 평가하고, 어떤 재료를 좋아하는지, 또 표현 능력은 어느 정도인지를 살펴봐야 한다. 비지시적인 방법과 지시적인 방법 중에서 어느 것을 더 선호하는지, 자기 욕구를 얼마만큼 표현할 수 있는지도 눈여겨봐야 한다.

아동기에 나타날 수 있는 문제점들과 그에 따른 미술 치료 방법을 정리하면 다음과 같다.

주의력결핍 과잉행동장애 ADHD : Attention Deficit Hyperactivity Disorder

학령기 전 또는 학령기에서 가장 흔히 관찰되는 질환 가운데 하나로, 약 3~4%의 아동이 이 질환을 앓고 있는 것으로 보고되었다. 충동적·무절제·과다 행동이 나타나면서 소근육 협응이 안 되고, 학습장애를 보이면서 정서적으로도 불안정한 질병이다. 한 가지 일에 깊이 몰두하지 못하며 가벼운 자극에도 쉽게 산만해지는 특징을 지닌다. 친구들과의 관계도 좋지 않은데, 공격적인 행동을 하기 때문에 더욱 잘 어울리지 못한다.

미술치료제안 다른 사람이 갖지 못한 남다른 감각을 찾도록 이끈다. 또한 못하는 것보다는 잘할 수 있는 것을 알게 하여 자신감을 갖도록 한다. 아이의 주된 관심을 미술 재료와 기법 적용 및 응용하는 데 쏟도록 하고, 감각을 자극하는 재료를 단계적으로 사용한다. 색 분별과 색 변화 연습, 데칼코마니, 자연물 이용, 점토 활동 등이 효과적이다.

학습장애 Learning Disorder

학습장애란 학습 능력을 습득하는 데 나타나는 장애로 특수학습장애라고도 한다. 지능은 정상이지만, 듣기·말하기·읽기·쓰기·추리 또는 수학적인 계산 능력에 심각한 문제가 나타나는 여러 장애들을 일컫는 말이다. 주의가 산만하고 과제를 시작하는 데 어려움이 있으며, 집중력이 부족해 문제가 생긴다. 사회적 행동에 있어서도 충동적이고 공격적인 행동을 보여 다른 아이들과 원만하게 어울리지 못하며, 정서적으로 우울하거나 사회적으로 위축되어 있다. 또한 의사소통에 문제가 있고 상대방의 생각을 적절히 해석하여 대처하는 능력이 부족하므로 흔히들 머리가 나쁘다고 생각한다. 하지만 지능이 다른 아이들보다 뒤지는 것은 아니다.

미술치료제안 학습장애가 있는 아이는 신체 개념에 대해 부정적인 자기상을 가진 경우가 많다. 미술 작업은 자신감과 올바른 자기상을 갖게 하고 환경에 적응할 수 있게 한다. 구조화되고 구체적이며 반복적인 미술 활동이 제시되어야 하며, 집단 활동에서도 개별성을 고려한 프로그램이 필요하다. 그리고 조형 활동의 기본 조건인 선, 형태, 공간, 색의 인식과 의미를 일깨워주어야 한다. 아이들이 자신의 정서 상태와 다양한 감정을 미술을 통해 표현할 수 있게끔 해준다. 자신의 환경을 객관적으로 표현하면서 부정적인 감정 체험을 극복할 수 있는 기회를 갖게 되면, 아이들은 자신감과 긍정적인 자아상을 기를 수 있다.

틱장애 Tic Disorders

틱장애는 자신의 의지와는 상관없이 근육이 움직이는 현상으로, 운동성 틱과 소리 틱으로 나뉜다. 운동성 틱은 눈을 계속하여 깜박이거나 어깨를 으쓱하거나 뛰는 등 뚜렷한 목적 없이 자신도 모르게 갑자기 근육이 움직이는 현상이다. 소리 틱은 돼지의 꿀꿀거리는 소리, 헛기침, 코를 훌쩍거리는 소리 등을 계속 내는 현상이다. 무의식적으로 흉내 내던 것이 습관이 되었거나, 심리적인 부담이 있거나, 억눌린 운동 충동이 있을 때 나타날 수 있다. 또한 운동성 틱과 소리 틱을 동시에 보이기도 하는데, 이것을 뚜렛장애(tourette disorder)라고 하며 증상이 가장 심한 경우이다.

미술치료제안 틱장애는 무엇보다 안정감을 주는 것이 필요하다. 이완 작업과 자기 관찰, 불안 표출과 지지적 강화에 목표를 두고 점토 작업이나 핑거페인팅 등의 놀이 요소가 많은 미술 치료를 하면 효과를 볼 수 있다.

자폐장애 Autistic Disorder

소아정신과 환자 가운데 12%를 차지하는 대표적인 질환이다. 출생 전후의 뇌 손상과 뇌염, 선천성 풍진 등 뇌의 뚜렷한 기질적인 병의 원인이 자폐성 장애와 같이 동반된다. 부모나 다른 사람과 어울려 사는 사회적 관계를 발전시키지 못하는 대인 관계 장애를 보이며, 사람이 아닌 대상에 관심이 많다. 또한 언어 발달이 비정상적으로 늦고 강박적인 모습을 보인다. 단순하고 기계적인 양상, 즉 괴상한 행동을 반복적으로 되풀이하고 외부 자극에 과장되게 반응한다. 현실과 떨어져서 자기만의 내면세계에 틀어박히는 정신 질환이다.

미술치료제안 자폐장애의 사회성 행동 문제를 해결하는 데 미술 매체의 활용은 그 어떤 치료 방법보다 효과적이다. 감각 훈련을 자극하는 미술 재료 사용 및 교구 활용, 색 변화 체험, 데칼코마니, 물감 불기나 뿌리기, 핑거페인팅, 점토 작업, 신체 그리기 등의 미술 활동이 치료에 도움이 된다.

반응성 애착장애 Reactive Attachment Disorder

소아정신병으로 애착 관계의 발달에 문제가 생기는 증상이다. 어린 아이를 돌보는 사람이 자주 바뀌거나 가족 구성원이 자주 변하는 등의 여러 원인으로 부모와 친밀한 관계 형성이 이뤄지지 않은 5세 이전의 유아들에게 나타나는 장애이다. 아무나 붙들고 강한 애착 반응을 보이거나 아예 접촉 자체를 거부하는 증상을 나타낸다. 또한 정서적인 문제뿐 아니라 신체적으로도 문제가 생기는데, 성장이 지연되고 체중이 늘지 않는다. 아이를 계속 방치할 경우에는 성장 발달에 문제가 생기며, 인격 형성에 영향을 미쳐 대인 관계에 어려움을 겪게 된다.

미술치료제안 미술 치료사와의 적절한 접촉을 통해 안정감을 느끼게 해준다. 아이와 치료사 사이에 신뢰가 있어야 한다. 난화 그리기, 만다라 그리기, 신체 그리기 등의 미술 치료를 통해 아이의 불안감을 해소하고 정서를 순화시킬 수 있다.

배설장애 Elimination Disorder

적당한 시기가 되었는데도 대변이나 소변을 가리는 행동에 문제가 있는 장애다. 심리적·환경적 요인 때문에 발생한다. 또 애정 욕구, 형제자매(특히 동생)에 대한 질투와 시기심, 부적절한 대소변 훈련, 과도한 청결 교육이나 엄격한 도덕 교육 등으로 스트레스를 지속적으로 받는 경우에 생기기 쉽다. 대소변을 가리지 못한다고 벌을 주기보다는 용기를 북돋워 극복할 수 있도록 도와주어야 한다.

미술치료제안 점토 놀이, 핑거페인팅, 물감 뿌리기, 콜라주, 자신의 신체 그리기와 만들기, 만다라 그리기 등의 기법이 좋다. 창의적이고 자율적인 활동을 유도하고 부모의 일관성 있는 교육 자세가 특히 중요하다.

정신지체 Mental Retardation

정신지체는 발달 과정에서 지능의 여러 측면들, 즉 인지 기능, 언어, 운동, 그리고 사회적 기능 등이 저하된 상태를 말한다. 지적 능력이 자기 나이에 비해 2세 이상 떨어지면서, 동시에 사회 적응 행동에서도 분명한 결함을 갖고 있으면 정신지체자로 간주한다.

유전적 원인 또는 질병 및 뇌장애로 인해 야기된 정신지체는 간질과 같은 신경학적 장애에서 오는 합병증이 올 수도 있으므로 지속적인 관리가 필요하다.

미술치료제안 색, 선, 형태, 크기, 공간, 방향, 물체 등을 인식하고 구분하는 능력의 발달을 도우면서 대근육과 소근육 운동을 강화시키는 미술 치료 기법을 사용한다. 촉각·미각·후각·청각·시각을 자극할 수 있는 재료 사용과 기법을 고려하며, 단순하고 구체적인 조형 활동을 실시한다. 그리고 미술 치료에 놀이적 요소를 많이 집어넣어 자아 표현을 개발할 수 있는 기회를 갖게 한다.

심리적 긴장감을 이완하는 치료 기법

부모에 대한 애정 욕구가 충족되지 않거나, 지나치게 엄격한 교육, 형제자매에 대한 질투 등으로 심한 스트레스를 받는 아이는 틱장애, 배설장애 등의 증상을 나타내기 쉽다. 이런 아이들에게는 마음을 편안하게 해주면서 쌓인 욕구 불만과 스트레스를 풀어주는 것이 우선이다. 자유롭게 낙서하듯 그리는 난화 그리기와 억압된 내면을 마음껏 표출할 수 있는 핑거페인팅, 색다른 감각을 느끼며 스트레스를 풀고 창의성을 키울 수 있는 데칼코마니는 심리적인 긴장을 풀어주고 미술 활동에 흥미를 불러일으키는 좋은 기법이다.

난화 그리기

난화는 인간 발달 과정의 한 부분으로, 어린 아이들은 자기 맘대로 선을 긋는 난화를 그리면서 그림 그리기를 시작한다. 그래서 그림을 잘 못 그린다고 생각하는 어른들을 대상으로 한 미술 치료에서도 종종 난화 그리기를 시도한다.

난화를 그릴 때는 아이가 자신의 감정을 마음껏 표현하도록 편안한 분위기를 만들어줘야 하는데, 그림을 그리기 전에 몸을 율동적으로 움직여보게 하는 것이 좋다. 그리고 경험한 움직임을 종이 위에 옮긴다는 기분으로 선을 그려보도록 유도한다. 이렇게 몸을 움직이면 자신도 모르게 경직되고 억제된 경향성이 부드럽게 풀리는 효과가 있다. 그런 다음 선이 그려진 종이를 이리저리 돌려서 다양한 각도에서 그림을 바라본다. 그 과정에서 어떤 이미지가 떠오르거나 발견되면 선을 더하거나 색을 더 칠해서 발견한 이미지를 좀더 구체화시킬 수 있다.

난화에 나타나 있는 선을 보면 그린 사람의 감정 상태를 알 수 있다. 뾰족하거나 날카로운 선들은 분노를 나타내고, 둥근 곡선이나 원 모양은 기쁨을 나타낸다. 음영과 비스듬하게 그은 선들, 그리고 가는 선은 우울함을 나타낸다.

자유로움과 자발성을 자극하기 위한 행동으로, 큰 종이에 마음껏 낙서를 하게

◐ **현재의 심리 상태를 알 수 있는 난화** 마치 낙서처럼 보이는 그림이지만, 그 안을 들여다보면 그리는 사람의 마음이 솔직하게 담겨 있다. 연필로 선을 마음대로 그리면서 몸의 율동성도 높이고 스트레스도 발산할 수 있는 미술 치료 기법 중 하나이다.

한다. 낙서조차 어려운 어린이들은 점찍기 기법을 쓰기도 한다.

*준비물 종이, 연필이나 색연필, 사인펜 등

핑거페인팅 Finger painting

말 그대로 손가락에 물감을 찍어 그리는 미술 기법으로 아이들뿐만 아니라 어른들에게도 좋은 치료법이다. 미리 준비해둔 여러 개의 대야나 용기에 핑거페인팅용 물감을 조금 넣고 물을 부어서 물감을 녹인다. 또는 수채화 물감을 대야나 용기에 짜 넣은 뒤에 물을 붓고 묽은 밀가루풀을 함께 섞어준다. 이때 한 가지 물감을 만들 수도 있고 여러 가지 색깔을 혼합한 물감을 만들 수도 있다.

　　이렇게 만든 물감을 손바닥에 묻힌 다음 종이 위에 찍거나, 바르거나, 문지르는 등 자신이 하고 싶은 대로 행동한다. 왈츠 같은 경쾌한 음악을 들으면서 작업하면 더욱 리듬감 있게 그림을 완성할 수 있다.

　　특히 핑거페인팅은 느낌을 표현하는 수단으로 아주 좋다. 핑거페인팅을 처음 접하는 아이들은 손가락이나 옷이 더럽혀지는 것에 부담을 느끼기도 한다. 그러나 이런 점 때문에 속박된 아이를 자발적이고 자유롭게 해주며, 감각적 경험을 통해 정서가 안정되어 거부나 저항을 감소시키고 심리적으로 이완되는 효과를 얻을 수 있다.

*준비물 종이(흡수성이 없고 질긴 4절지 이상 크기), 수성풀(밀가루풀), 붓, 스펀지, 헝겊 등

데칼코마니 décalcomanie

누구나 한 번쯤 초등학교 미술 시간에 데칼코마니를 해본 경험이 있을 것이다. 데칼코마니는 종이를 반으로 접은 다음 한쪽 면에 그림물감을 자유롭게 짜넣고, 그 물감이 마르기 전에 종이의 다른 한쪽 면을 접어 눌렀다가 펴서 대칭적인 무늬를 만들어내는 미술 기법이다. 처음부터 어떤 모양을 의도해도 좋고, 일부러 연출하지 않고 그냥 마음대로 물감을 짜서 찍어내도 좋다. 어떤 식이든 종이를 펼쳐보면 상상한 것 이

◎ **우연성의 효과를 얻을 수 있는 데칼코마니** 종이의 한쪽 면에 물감을 마음대로 짜넣은 뒤 다른 쪽 면을 덮고 눌러주면 그림이 완성된다. 이것을 응용하여 색다른 그림을 완성할 수도 있다. 우연을 통해 만들어진 그림을 보고, 또 그것을 통해 연상되는 사물이 무엇인지 알아보고 그 사람의 심리 상태를 진단해볼 수 있다.

상으로 신비롭고 아름다운 무늬가 나타난다.

데칼코마니는 의도하지 않은 결과를 우연히 얻게 함으로써 색다른 즐거움과 재미를 준다. 그리고 농도가 진한 물감의 강렬한 색상과 끈적거리는 느낌은 시각과 촉각을 자극한다. 데칼코마니를 응용하여 그림을 완성할 수도 있는데, 이처럼 다른 미술 활동으로 이어질 수 있어 창조성을 계발하는 데 매우 효과적이다.

* 준비물 종이(16절지나 8절지), 수채화 물감

정서를 안정시키는 치료 기법

자극적인 주변 환경과 조기 교육 등으로 말미암아 정서적으로 문제가 있는 아이들이 많다. 학령기 아동의 3~4%가 주의력 결핍 및 과잉 행동 장애를 갖고 있을 정도이니, 학습장애와 자폐 등의 장애를 가진 아이가 적어도 한 반에 서너 명 이상 되는 것이다.

정서 안정을 위한 대표적인 미술 치료 기법은 점토 작업과 만다라 그리기인데, 점토는 자연을 접하기 어려운 아이들에게 감각적인 자극을 주고 자신감을 키워주는 좋은 매체이다. 또 만다라는 아이의 집중력을 키워주며 차분하게 만들어주기 때문에 되도록 자주 그리게 하는 것이 좋다. 그 밖에도 물감 뿌리기, 신문 찢기와 종이죽 작업, 콜라주, 신체 그리기 등의 기법이 정서 안정에 도움이 된다.

점토를 이용한 미술 활동

점토는 부드럽고 촉촉하고 차진 촉감을 갖고 있어서 아이들이 놀이 하듯 만지고 주무르면서 심리적으로 억압된 감정을 쉽게 발산할 수 있도록 해준다. 또 원하는 형태를 자유자재로 만들어낼 수 있으므로 창의성 계발에도 도움이 된다. 특별한 시설이나 기술이 필요 없으며, 점토 재료를 반복하여 여러 번 사용할 수 있다는 것도 장점이다.

● **점토로 자신이 원하는 모양 만들기** 점토 놀이는 누구들 쉽게 할 수 있는 미술 기법. 미술 치료 효과도 좋다. 그러나 연령 및 증상에 따라 지도 방법이 달라야 하며, 습도 조절을 잘해 점토가 단단하게 굳지 않게끔 주의한다.

처음부터 완성도가 높은 작품을 만들어내기는 쉽지 않으므로, 단순히 점토를 가지고 논다는 느낌이 들도록 마음껏 주무르게 하는 것이 좋다. 점차 점토를 다루는 것이 익숙해지면 공이나 뱀 등의 단순한 모양을 만들어본다. 아이가 상상력을 발휘해 자신이 원하는 모양을 만들도록 격려해준다.

*준비물 점토(찰흙이나 컬러찰흙), 나무 조각도, 찰흙판(신문지), 앞치마

> **Tip 아동에게 좋은 점토 놀이의 효과**
>
> - **마음을 편하게 해준다**: 점토를 마음껏 만지며 뭉치고 자르고 찌르면서 마음속에 쌓여 있는 적대감이나 반감 등의 감정이 해소되고 긴장이 풀린다.
> - **창의력이 생긴다**: 점토를 사용하면 원하는 형태를 마음대로 만들 수 있다. 따라서 아동은 세상에 하나밖에 없는 작품을 자신의 손으로 탄생시킨다는 성취감을 느끼게 된다. 점차 점토에 익숙해지면 상상력이 더해진 작품을 만들어내면서 창의력이 쑥쑥 자란다.
> - **머리가 좋아진다**: 손으로 점토를 주무르다 보면 모든 감각이 자연스레 자극을 받는다. 특히 세밀한 부분을 만들기 위해서는 손가락을 보다 정교하게 사용해야 한다. 이 경우 소근육이 발달되면서 두뇌 활동이 좋아진다.
> - **자신감이 생긴다**: 만들기를 하다가 실수했을 때 다른 재료는 처음부터 다시 만들어야 하지만, 점토는 잘못된 부분만 고칠 수 있다. 그래서 아이들이 아무 부담 없이 작품의 완성도를 높일 수 있다. 이러한 경험을 통해 커다란 만족감을 얻게 되고, 이런 만족감은 아이들의 자신감이 된다.

만다라 그리기

만다라는 본디 불교의 성전이나 사찰에서 중생의 성불을 위해 제작되는 것으로, 미술치료에서도 큰 의미를 가진 치료 기법 중 하나다. 만다라 명상이나 만다라 그리기를 통해 심리적인 불안에서 벗어나 정신을 집중하는 동시에 이완하면서 긴장을 완화시킬 수도 있다.

아이들을 치료할 때는 문양이 그려져 있는 만다라를 사용한다. 이 만다라 문양은 인터넷이나 책을 통해 쉽게 구할 수 있다. 먼저 몇 가지 만다라 형태를 충분히 들여다보고 마음에 드는 것을 고르게 한다. 그런 다음 잠시 눈을 감고 마음속으로 몇 가지의 색깔을 떠올리게 한다. 그리고 그 색을 칠하게 한다. 이때 조용한 음악을 들려주면 더 효과적이다. 완전히 다 색칠하지 않고 흰 부분을 남겨둬도 좋다.

* 준비물 만다라 문양 종이, 크레파스나 색연필 등

Tip: 만다라 그리기

만다라는 삶의 중심을 찾고 자연과 우주와의 합일을 찾으려는 명상과 영성(靈性), 나아가 심리적·정신적 치료를 돕는다. 만다라를 통한 명상과 영성 체험은 분석적·이성적 사고의 한계점과 생활 속에서 느끼는 심리적인 불안에서 벗어나게 할 뿐더러, 잃어버린 자아와 내적 풍요로움을 찾게 한다. 또 이것은 미술 치료에서도 중요한 위치를 차지하고 있다. 만다라를 미술 치료에 적용하는 중요한 목적은, 인간이 만다라를 통하여 분열된 자신을 통합하고 삶의 본질을 깨달아 자신의 중심에 이르는 생활을 영위할 수 있게 한다.

만다라를 그리는 사람은 조화롭고 균형 잡힌 만다라의 구조 때문에 에너지(기)의 흐름을 느끼게 된다. 그래서 만다라를 그리다 보면 마음이 편안해지고 고요해지는 것을 느낀다. 또한 그리는 행동에 정신을 몰두하면 호흡도 규칙적인 리듬을 탄다. 만다라가 지닌 둥근 형태의 작업은 자신도 모르게 마음을 원만하게 해주는 특성이 있다.

만다라를 그릴 때 원의 중심에서 원둘레로 향하도록 유도해야 하는 대상은 내향성, 근육 운동 장애, 자폐성, 간질병, 경련성 마비를 겪는 사람들이다. 반대로 원둘레에서 중심으로 향하는 만다라를 그리게 하는 대상은 외향성, 운동형 사람, 몽상가, 노이로제, 정신 질환, 뇌막염, 집중력 결여, 허풍 성향을 가진 사람들이다.

물감 뿌리기

물기를 머금은 물감을 종이에 떨어뜨린 뒤 입으로 그 물감을 이리저리 불어서 자유롭게 모양을 만들거나, 붓에 물감을 잔뜩 묻힌 다음 그대로 내리치듯이 종이 위에 뿌린다. 또는 붓 대신 손가락에 물감을 듬뿍 묻힌 뒤 튕겨서 뿌린다. 색이 번지는 효과를 보려면 이미 채색된 부분의 가장자리 쪽에 물을 묻혀서 퍼뜨리면 된다.

* 준비물 종이(4절지 이상), 수채화 물감, 붓, 팔레트

신문 찢기와 종이죽 작업

많은 양의 신문지를 준비한 다음 한 장씩 들고 마음대로 찢도록 한다. 다양한 방법으로 신문지를 찢은 뒤에는 그 신문지 조각들을 날려보게도 한다. 신문지 조각을 둥글게 뭉쳐서 던지거나, 신문지 더미 위에 누워보거나, 신문지 더미를 덮어써도 좋다.

신문지 조각으로 할 수 있는 놀이를 다 해본 뒤에는 찢어진 신문지를 플라스틱 통에 넣고 물과 풀을 함께 섞어 종이죽을 만든다(이때 신문지를 잘게 찢어서 얼마 동안 담가두

면 풀과 잘 섞인다). 이 종이죽을 나무판 위에 놓고 입체적인 형태로 만든다. 작품이 완성된 뒤 아크릴 물감으로 색을 칠해도 좋다.

* 준비물 신문지, 플라스틱 통, 풀, 물, 아크릴 물감, 큰 붓, 큰 나무판

콜라주

콜라주는 누구나 부담 없이 할 수 있고, 또 몰입하기 좋은 미술 기법이다. 먼저 주제를 정한 뒤 구상을 하고 종이에 밑그림을 그린다. 그리고 사진과 그림 자료가 풍부한 잡지를 펼쳐보면서 관심을 끄는 사진 또는 그림을 골라 밑그림 위에 붙인다. 색실이나 철사, 풍선, 천이나 옷 조각, 각종 반짝이 등의 장식 재료를 적절히 활용하면 주어진 주제를 더 잘 표현할 수 있다.

○ **집과 나무, 자동차 등을 표현한 콜라주** 그림 그리기와 다양한 재료를 섞어서 골판지에 표현하였다. 이것은 그림 그리기를 싫어하거나 그림을 잘 못 그리는 사람들도 쉽게 할 수 있다는 장점이 있다.

* 준비물 종이, 사진과 그림이 많은 잡지, 가위, 풀, 장식 재료 등

신체 그리기

전지를 준비한 다음 그 위에 누워서 자신의 전신상을 본뜬다. 또는 신체의 일부분이나 손과 발의 본을 뜨기도 한다. 본뜬 신체 그림을 색칠하거나 마음껏 장식해본다. 수채화 물감을 이용하여 손바닥과 발바닥 찍기 놀이를 하거나 지문을 찍어볼 수도 있다.

* 준비물 전지, 수채화 물감, 세숫대야

●**자신의 신체 그리기** 큰 종이에 신체 모양을 그린다. 이때 혼자서는 그리기 힘들므로 자기 자신이 종이 위에 누우면 다른 사람이 대신 그려준다. 그 다음에 자신이 희망하거나 꾸미고 싶은 것을 맘껏 그려넣는다. 때론 신체의 장단점을 직접 써봄으로써 자신의 모습을 되돌아본다. 협동화로 이용되기도 한다.

청소년을 위한 미술 치료

청소년기에 나타날 수 있는 문제들

흔히들 청소년기를 '질풍노도의 시기'라고 하는데, 아동기에서 성인기로 옮겨가는 이행기이자 과도기이다. 청소년기에는 사춘기의 시작을 뜻하는 생리적 변화와 함께 이전의 시기에 비해 더욱 발달된 인지 능력의 변화, 사회 관계 속에서 새롭게 얻어지는 개인의 역할 변화, 생활에서 생기는 사건이나 신체 발달 및 인지 발달에 따른 독특한 정서 변화 등을 겪게 된다.

청소년기에는 신체 발달이 급격히 이뤄지며, 인지 능력 또한 상당한 속도로 발달한다. 특히 신체 발달은 성적 욕구를 동반하는데, 이 성적 욕구는 죄책감과 충동 조절 문제를 초래하기도 한다. 인지 능력 발달 면에서는 유아기나 아동기에 서서히 상승한 지능이 청소년기에 이르러 절정에 닿는다. 구체적이며 실재론적인 아동기 사고의 한계를 벗어나 가능성에 대해 생각할 수 있게 되며, 주의 집중하는 시간이 점차 길어지고 기억하는 기술도 발달한다.

한편, 청소년의 정서 특징은 일관성이 없고 불안정하며 감정의 기복이 심하고 과민하다. 수줍음이 많아지기도 하고 오락이나 스포츠, 특정한 이데올로기에 열성을 보이기도 한다. 극단적인 슬픔이나 무기력 상태가 상당 기간 지속되거나 학교에 대한 두려움, 시험 불안, 집단 따돌림, 학교 폭력 등으로 말미암아 공포와 불안감, 분노 등이 크게 자리 잡게 된다. 따라서 청소년기에는 자기 뜻대로 되지 않는 상황에 대한 분노를 조절하는 방식, 즉 자신의 분노 감정을 인식하고 그 감정과 행동을 분리하는 기술을 습득하는 것이 무엇보다 필요하다.

또한 청소년기는 자아정체성을 확립하는 시기이다. 자아정체성이란 자신을 타인과 구별되는 존재로 파악하고, 자신이 속한 가정·사회·국가의 한 구성원으로 인식하는 것을 의미한다. 내가 누구이며, 가정과 사회에서의 역할이 무엇인지를 깨닫는 것이다. 자아정체성이 형성되었다는 것은 자신의 성격, 취향, 가치관, 능력, 관심, 인간관, 세계관, 미래관 등을 보다 확실히 알고 있고 이것이 지속성을 갖는 상태이다. 이러한 자아정체성을 확립하기 위해서는 구성원에게 부여되는 사회적, 도덕적 책임을 수용하여 자신의 존재 가치와 생존의 의미를 발견해야 한다.

이처럼 신체적·정신적 변화로 혼란스러운 청소년기는 미술 치료가 도움이 된다. 미술은 정서를 안정시키고 정체성을 찾아가는 길잡이 역할을 톡톡히 해준다. 청소년의 내면에 도사린 불안과 우울을 일탈 행위가 아닌 미술 작업을 통해 발산하게 한다. 또한 바람직한 자아정체성을 확립하고, 나아가 창의성을 기르는 데도 도움이 된다. 자칫 빗나가기 쉬운 일탈 행동을 미리 예방하거나 일탈 행동을 벌인 비행 청소년들을 교정하는 효과도 볼 수 있다.

청소년기는 어른에 가깝게 성장한 자신에 대한 이해와 사회적 위치, 장래 직업, 인생의 목적 등을 생각하고, 생의 목적과 의미는 무엇인지에 대해 스스로 질문을 던지는 시기이다. 따라서 이에 대한 욕구를 통합해내는 데 초점을 둔 미술 치료를 계획해야 하며, 각자 느끼는 어려움의 핵심을 짚어낼 수 있어야 한다. 특히 집단 미술 활동을 하면 자신만의 울타리에서 벗어나 사회 속에서 자아정체성을 찾게 되고, 다른 사람의 의견을 받아들여 사고의 폭을 넓힐 수 있다.

청소년기에 생길 수 있는 대표적인 문제점들을 정리하면 다음과 같다.

◉ 혼자 있고 싶다는 마음이 잘 드러난 그림 외롭고 어지러운 심리 상태가 엿보인다.

우울증 Depression

청소년기 우울증은 성인 우울증과 달리 명확한 우울감이나 생리적 증상보다는 가면 우울로 나타나는 경우가 많다. 주로 행동화, 과잉 운동, 파괴성, 공격성 비행, 친구 관계 악화, 무단결석, 학교 거부증, 가출, 성적 저하, 신체 증상, 분노, 공포 등으로 위장되어 나타난다.

우울증에 빠진 대부분의 청소년들은 자기 자신을 비판하고 공부를 제대로 하지 않아 성적이 떨어진다. 자신의 생활이나 취미, 친구에 대한 흥미도 잃어버린다. 우울하고 초조해하다가도 작은 일에 화를 내고, 때로는 쉽게 흥분하기도 한다. 나름대로

◉ 그림이 전반적으로 혼란스럽다. 정서적으로 불안한 마음의 표현이다. ◉ 미술 공부를 하고 싶었으나, 부모의 강력한 반대로 좌절된 시절이 그림 속에 표현되어 있다. 가위로 머리카락을 자르는 그림에서 마음의 상처가 심했음을 알 수 있다.

우울증에서 벗어나기 위해 술이나 담배, 약물 등을 접하지만 심한 경우엔 자살 충동도 느낀다.

불안

청소년기에 가장 흔한 정신과적 장애로 불안과 우울 등을 동반한 적응장애(Adjustment Disorder)이다. 청소년기에는 입시병, 고3병이라고 불리는 시험과 관련된 불안이 많이 나타난다. 불안한 상태가 심한 경우에는 두통, 현기증, 식욕 부진, 시력 장애, 기억력 장애, 불면증, 우울 등의 정서 문제가 나타난다. 극단적인 경우에는 심한 불안을 동반한 다른 정신병으로 발전된다. 학교 다니기를 거부하고 가출, 비행, 약물 복용, 자살 등의 원인이 되기도 한다.

섭식장애 Eating & Feeding Disorder

먹는 데 큰 문제가 있는 신경 정신과적 장애이다. 한꺼번에 많이 먹거나 먹은 것을 일부러 토하는 등의 비정상적인 식사 행동을 보이고, 체형이나 체중에 지나치게 집착하는 특징을 가진 장애를 말한다. 섭식장애의 종류로는 신경성 식욕 부진증과 신경성 대식증, 폭식장애가 있다

진단 기준을 보면 첫째, 신경성 식욕 부진증은 살이 찌는 것을 매우 두려워해 체중이 줄었음에도 불구하고 음식을 먹지 않아 최소한의 체중 유지도 거부하는 것이다. 둘째, 신경성 대식증은 자신의 행동에 문제가 있음을 알면서도 폭식과 제거 행동, 즉 다이어트, 구토 유발, 이뇨제 및 설사제 복용, 심한 운동 등을 반복적으로 하는 것이다. 셋째, 폭식장애는 비만한 사람에게 흔히 나타나며 폭식이 반복되지만 이에 따른 제거 행동은 없다.

청소년 성 문제

청소년기에는 자신이 소외되었다는 느낌을 갖기 쉽다. 더구나 진학이나 취업 때문에 집을 떠나 있는 경우에는 극심한 고독감을 느껴서 타인과, 특히 이성과의 밀착된 관계를 원하게 된다. 요즘에는 사춘기가 일찍 시작되는 경우가 많아 청소년들의 성 문제도 그만큼 시기가 빨라졌다. 비록 신체적으로는 성관계를 할 수 있을 정도로 성숙했다고는 하나, 심리적·사회적으로는 준비가 안 된 청소년들이 대부분이다. 무분별한 성행위, 성폭력, 혼숙, 10대의 임신과 출산, 그리고 성병 등은 청소년 사이에서도 심각한 문제를 일으킨다.

약물 남용 및 의존 Substance Abuse & Dependence

청소년기에 속한 아이들의 음주, 흡연, 본드나 부탄가스 흡입, 환각을 목적으로 하는 진해거담제 이용 등이 폭발적으로 증가하는 추세다. 본드나 부탄가스 같은 흡입제는 정신 활성 작용을 하는 다양한 화학물질로 구성되어 있다. 이것은 중추신경계에 대한 억압 작용으로 자기 억제력의 상실, 도취감, 어지러움, 기억상실, 집중력 결여, 혼돈, 간질 발작과 같은 증세를 유발한다. 심지어 간, 심장, 신장 및 골수에 치명적 손상을 입혀 사망에 이르게 하는 경우도 있다. 불법 약물을 사용하는 청소년들은 학업 성취의 동기가 낮고 지나치게 독립성을 강조하는 경향이 있다.

정신병

청소년기는 성인 정신병의 시작 시기이므로 예방과 조기 발견, 조기 치료가 중요하다. 정신 분열증, 양극성 장애의 발병 시기이다.

자살

심리 사회적 요인인 스트레스 환경, 즉 부모의 학대, 무관심, 혼란스런 가정환경, 부모 불화, 친구 관계의 어려움, 성적과 입시 부담, 폭력 등 감당하기 어려운 상황에 대한 방어로 나타나기도 하며, 자기 처벌 또는 환경에 대한 분노, 보복 심리 등으로 자살이 유발된다.

자아정체성 확립을 촉진하는
치료 기법

청소년기에는 자신에 대해 확신을 갖고 자아정체성을 찾는 것이 무엇보다 중요한데, 아직 자신에 대한 확신이 없으므로 집단에 소속되려고 하는 경향이 있다. 따라서 집단과 자신을 동일시하거나 집단 정체감을 형성해 나가기도 한다. 아동기와는 달리 소속된 집단 내에서 타인과의 상호 작용을 통해 자아정체성을 형성해가는 시기인 만큼, 청소년기에는 집단 미술 치료를 하는 것이 좋다.

자화상 그리기와 셀프박스 만들기, 감정차트 만들기 등은 자신을 수용하고 보다 성숙한 또래 관계를 형성하는 데 도움을 주어, 자아정체성 확립을 촉진시키는 기법들이다.

고치에서 나비가 되기까지
트리나 폴러스(Trina Paulus)가 쓴 《꽃들에게 희망을》의 줄거리를 이야기해준 다음 애벌레 시기(어린 시절)와 번데기 시기(고민과 방황의 시기), 나비 시기(자아실현의 시기)를 각각 써보게 한다. 단, 나비 시기는 반드시 현재 완료형으로 쓰게 한다. 이 작업을 통해 사람은 운명적인 존재가 아니라 자아실현 능력을 지닌 능동적인 존재임을 부각시키고, 미래에는 지금보다 훨씬 더 많이 성장할 수 있음을 스스로 느끼게 해준다.

*준비물 종이, 풀, 가위, 잡지, 사인펜, 크레용 등

명화 따라 그리기
명화집에서 작품 하나를 선택하여 복사한 다음, 치료를 받는 사람에게 그 그림을 준다. 그리고 복사한 명화에 색을 칠하게 하거나, 잡지나 색종이를 오리거나 찢어서 원하는 곳에 붙여보게끔 한다. 말풍선을 만들어 명화에서 얻은 느낌을 직접 적어봐도

🔵 **고치에서 나비가 되기까지** 알, 애벌레, 번데기를 차례로 겪으면서 아름다운 나비로 다시 태어나는 그림을 통해 자신의 인생 파노라마를 자연스럽게 이야기할 수 있다. 또한 긍정적인 삶의 방향을 제시할 수도 있다.

좋다. 명화 속의 인물에 자신의 감정을 이입해봄으로써 내면의 억압된 감정을 발산할 수 있게 해준다.

*준비물 명화집, 종이, 크레파스, 파스텔, 잡지, 색종이, 풀

명화 감상을 통한 미술 치료

명화 감상으로 할 수 있는 미술 치료 방법이 있다. 그림에 나타난 화가의 심리 상태와 정신세계를 알아보는 것으로, 화가의 내면이 작품에 어떻게 드러나 있는지 살펴보고 스스로 느끼면서 자신의 내면을 돌아보는 기회를 갖는 것이다. 이로써 치유의 실마리를 찾을 수 있다.

명화 감상을 통한 미술 치료에서 가장 많이 응용되는 것은 뭉크(Munch)와 고흐(Gogh)의 작품이다. 두 화가의 공통점은 불우한 어린 시절을 겪고 정신분열증 증세를 보였다는 것이다. 따라서 이들의 작품에는 그들의 불안정한 심리 상태와 혼란한 정신세계가 분명하게 드러나 있다.

먼저 뭉크의 작품 세계를 살펴보자. 그는 어린 시절을 회상하면서, "나의 가정은 병과 죽음의 가정이었다. 확실히 나는 이 불행을 이길 수가 없었다"라고 말한다. 이는 죽음을 항상 의식하면서 깊은 불안이 잠재되어 있음을 나타내는 말이다. 뭉크는 모든 작품에서 사랑·죽음·불안 등을 표현하고 있는데, 그의 대표작 〈절규〉는 정신 분열적 두려움에 대한 자신의 고백을 극명하게 표현한 작품이다. 이 작품은 화면 구성을 대담하게 사선으로 구획하였으며, 강렬한 색채 대비로 역동적인 효과를 보여주고 있다. 두 손으로 귀를 막은 채 눈과 입을 크게 열고 있는 그림 속 인물은 작품의 이름처럼 절규하는 상태를 느끼게 하지만, 실은 자연을 통해 크게 부르짖는 소리를 표현하고 있다. 마치 불타는 듯 보이는 붉은 구름은 일몰의 빛남을 나타냄과 동시에 내면의 공포를 나타낸다.

○ **절규** 에드바르트 뭉크, 종이에 유채, 1893.

고흐는 뭉크와 마찬가지로 불우한 어린 시절을 보냈으며, 살아 있는 동안 늘 빈곤과 병고에 시달렸던 불행한 화가다. 그가 그린 초기 작품들은 노동자, 농민 등 하층민을 소재로 삼았으며 렘브란트나 밀레의 영향을 받아 색조가 아주 어두웠다.

고흐는 1885년부터 자살로 생명을 마친 1890년까지, 37점의 자화상을 남겼다. 이렇게 많은 자화상을 남긴 이유는 모델을 구하기 힘들 만큼 궁핍한 형편 탓이기도 했지만, 자화상이 고흐 자신을 확인하는 특별한 의미였기 때문이다. 그런데 자화상 모두 한결같이 거울을 응시하고 있는 포즈다. 이것은 그가 그림을 통해 자신의 내면과 마주하였음을 보여준다.

자화상들을 시기별로 살펴보면, 고흐의 주체할 수 없는 열정과 평탄치 못한 고단했던 삶의 여정을 좇을 수 있다. 1887년경에 그려진 자화상에는 어두운 배경 속에 노란 황금빛으로 빛나는 고흐의 얼굴이 유난히 돋보인다. 매끈하고 섬세하게 채색된 전통적인 인물화와 달리 방향성 있는 짧은 붓질이 전면을 메우고 있으며, 머리카락과 수염 역시 짧은 붓질로 표현하여 독특한 질감을 느끼게 해준다. 노란색과 초록색, 붉은색과 푸른색 등의 원색을 함께 써서 인물의 불안정한 심리적 상태를 무언의 메시지로 전하고 있다.

◯ **자화상** 빈센트 반 고흐, 캔버스에 유채, 1887.

한편 거칠고 붉은 수염, 움푹 팬 눈, 창백한 입술, 이 모든 것이 화가의 진짜 얼굴이다. 그런데 소용돌이치는 배경의 선은 형체를 와해시키며, 정신적으로 고통 받고 있는 한 인물이 스스로를 어떻게 생각하고 있는지 잘 보여주고 있다. 고흐의 자세와 옷차림은 차분하고 고요한 안정감을 드러내지만, 혼란스러운 배경은 그 안정감이 위태로운 것임을 암시한다.

고흐가 세상을 떠나기 3개월 전에 그린 이 자화상은 유서와 같은 느낌을 주는 작품으로, 그가 남긴 여러 자화상 중에서 가장 결연하게 자신을 나타내려는 의도가 엿보인다. 아마도 이만큼 실감 있게, 영혼이 살아 있는 모습을 느끼게 하는 초상화는 없을 것이다.

◯ **자화상** 빈센트 반 고흐, 캔버스에 유채, 1889.

감정차트 만들기

네 장의 종이를 준비한 뒤 각각의 종이에 기쁨과 슬픔, 분노, 그 밖에 표현하고 싶은 감정을 그림으로 그려보라고 한다. 또는 한 장의 종이에 색깔에 대한 느낌을 적는다. 예를 들어 빨강색은 어떤 느낌인지, 검정색은 어떤 느낌인지 적는 것이다. 감정 차트에는 내면의 감정이 드러나 있기 때문에 그림을 그린 사람의 성향을 파악할 수 있다.

* 준비물 종이, 연필, 채색 도구, 색종이, 풀

셀프박스(Self Box) 만들기

빈 상자를 이용하여 바깥쪽은 다른 사람이 보는 '나'를, 안쪽은 내가 보는 '나'를 표현하게 한다. 이 작업은 외부 세계의 요구나 자신에 대한 기대 때문에 자신의 내적인 욕구에 얼마나 소홀한지 통찰해주며, 안과 밖이 균형 있게 발전할 수 있도록 촉진한다.

○ 셀프박스를 통해 자신의 내면을 살펴볼 수 있다. 외부에서는 나를 씩씩하게 보지만, 내부의 나는 여성스럽고 소녀 취향이 강하다.

* 준비물 A4 크기의 상자, 채색 도구

내가 만일 거인이 된다면

내가 만일 거인이라면 어떤 일을 하고 싶은지 종이에 그리게 한다. 이것은 눈에 보이지 않는 투명인간이 되는 것과는 다른 의미로 접근해야 한다. 거인이 되는 것에는 공격 욕구의 표출도 들어있지만, 성장 욕구 강화 프로그램으로 보는 게 더 적합하다.

* 준 비 물 종이, 연필, 크레파스, 색연필

여러 가지 자화상 그리기

다양한 크기의 상자를 만들고 그 위에 자신의 자화상을 여러 가지 모습으로 그리게 한다. 그런 다음 각종 채색 도구로 자화상을 꾸며보라고 한다. 자화상이 그려진 여러 모양의 상자를 본드를 사용해 액자에 붙인다.

    이 기법은 자신이 느끼는 '나'를 직접 그리면서 자아존중감에 접근할 수 있게 해준다. 또한 여러 가지 다양한 모습의 자화상을 그려봄으로써 내 안의 '나'가 하나가 아니라 여러 개 존재하고 있음을 알게 한다. 궁극적으로는 내적 통합을 이뤄야 한다는 것을 깨닫게 해준다.

* 준비물 다양한 크기의 상자, 채색 도구, 본드, 액자

분필로 조각하기

색분필을 깎아서 조각품을 만들도록 하는데, 절대 길이를 변형시키지 말고 조각해서 완성하게 한다. 이 작업은 활동성이 지나쳐서 산만해진 청소년기의 학생에게 집중력을 길러줄 수 있다. 또 길이를 변경하지 못하게 제한함으로써, '자유'란 다른 사람의 권리를 침범하지 않는 범위 안에서 누릴 수 있는 특권임을 깨닫게 한다.

* 준비물 각종 색분필, 연필 깎는 칼

창의성을 계발하는 치료 기법

아동기의 창의성 계발도 중요하지만, 청소년기 역시 창의성을 키움으로써 사고의 폭을 넓히고 잠재력을 계발하며 자신감을 키울 수 있다. 게다가 청소년기는 아동기에 비해 보다 체계적이고 종합적인 사고를 할 수 있는 조건을 갖추고 있으므로, 적절한 자극으로 창의성을 계발하여 긍정적인 자아성취감을 높일 수 있다.

주변에서 흔히 볼 수 있는 달걀판, 병뚜껑, 폐컴퓨터를 이용한 기법들과, 사물을 새로운 각도에서 볼 수 있게 하는 강제 결합하기, 숟가락 모티브 그림 등은 상상력을 자극하여 청소년들의 무궁무진한 가능성을 현실화시킬 수 있는 도구가 되어줄 것이다.

달걀판을 이용한 생활 미술
버려진 달걀판 위에 아크릴 물감을 이용해서 장식해보게 한다. 이 작업은 사물을 다른 용도로 바꾸는 법을 배우게 함으로써 같은 사물을 다른 각도에서 바라보는 유연성과 독창성, 민감성, 정교성 등을 키울 수 있게 한다.

* 준비물 달걀판, 아크릴 물감, 붓

○ **달걀판을 이용한 작품** '달걀판에는 달걀을 담는다'는 고정관념을 깨고 다양한 표현을 해본다. 이 작품은 달걀판을 액자 받침처럼 활용했는데, 여기에 자신이 좋아하는 인물 사진을 나란히 붙였다.

숟가락 모티브 그림

숟가락 모티브(숟가락이나 숟가락이 그려진 그림)를 주고 그 나머지 부분을 자유롭게 꾸며서 그려보게 한다. '숟가락은 즉, 밥을 떠먹는 것'이라는 고정관념에서 탈피하여 상상력과 재구성력을 키울 수 있다.

*준비물 숟가락 모티브, 도화지, 연필, 채색 도구

폐컴퓨터를 이용한 자화상

폐컴퓨터 위에 아크릴 물감을 칠해 자화상을 그리게 한다. 현대인의 필수품이 되어버린 컴퓨터와 자화상을 결합해봄으로써 '인간 소외', '대화 단절', '게임 중독'에 대해 생

○ **숟가락 모양에 변화를 준 그림** 기본적인 숟가락 형태를 주고 자유롭게 바꿔보라고 한다. 여기서는 나무와 우주를 상징하는 그림으로 바뀌었다.

각해볼 수 있을 것이다. 이 작업은 청소년기의 문제들을 하나하나 짚어보는 계기가 될 수 있다.

* 준비물 폐컴퓨터, 아크릴 물감, 여러 가지 크기의 붓

병뚜껑을 이용한 조형물
병뚜껑에 아크릴 물감을 칠해서 꽃무늬 도장을 찍게 한다. 이처럼 버려진 병뚜껑을 이용하여 훌륭한 예술 작품을 직접 만들어봄으로써 자신과 타인을 존중하는 마음이 생기고 사고가 유연해진다.

* 준비물 병뚜껑, 아크릴 물감, 꽃무늬 도장, 본드, 캔버스, 붓

종이 접기 구성(딱지)
여러 모양의 딱지를 접은 뒤 자신이 원하는 색을 칠하게 한다. 그리고 아름답다는 느낌이 들도록 캔버스에 배열하여 본드로 붙이도록 한다. 흔히 '딱지'라고 하면 우리의 전통 놀이 가운데 하나인 '딱지치기'를 떠올린다. 하지만 여기서는 사고의 영역을 확장하여 딱지를 예술품으로 승화시키는 것이다. 이 작업을 통해 민감성과 정교성, 재구성력, 독창성 등을 키울 수 있다.

* 준비물 여러 가지 모양의 딱지, 캔버스, 본드

강제 결합하기
전혀 연관성이 없는 두 개의 사물을 제시한 뒤, 이 둘을 강제로 결합해서 하나의 사물을 만들어보라고 한다(예를 들어 신발+바퀴). 전혀 관련이 없는 사물을 결합해봄으로써 불만을 갖고 있던 현재 상황을 객관적으로 볼 수 있는 여유를 갖게 한다. 또 문제 해결 능력도 키울 수 있다.

* 준비물 전혀 연관성이 없는 두 개의 사물, 종이, 풀, 가위, 채색 도구

노인을 위한 미술 치료

노년기에 나타날 수 있는 문제들

노년기에 접어들면 사회적·신체적·심리적·경제적 상황들이 아주 많이 변한다. 노인들은 직장에서 은퇴하면서 사회적인 지위를 잃는다. 이것은 경제적인 능력을 잃는 것을 의미한다. 뿐만 아니라 만성 질환과 심신 쇠약으로 말미암아 건강 문제를 겪게 되며, 친구 혹은 배우자의 질병이나 죽음을 경험하게 된다. 또한 대부분의 노인들이 자식들과 떨어져 살게 되면서 고독감과 소외감을 느끼게 된다.

이는 모든 노인들에게 공통으로 나타나는 어려움이다. 하지만 노년기를 보내는 방식은 개인마다 크게 다르다. "나이는 숫자에 불과하다"라고 하면서 젊은이들보다 더 생산적이고 정력적인 삶을 사는 노인이 있는가 하면, 극심한 외로움과 만성 질환으로 고생하다가 끝내 자살을 선택하는 비참한 노인도 있다.

평균 수명의 증가로 노년기는 점점 더 길어지는 추세다. 따라서 이러한 노년기를 신체적·정신적으로 건강하고 풍요롭게 보내기 위해서는 먼저 체력이 떨어지거나 건강에 문제가 생기지 않도록 유의해야 한다. 또한 사회적인 지위를 잃으면서 변화된 자신의 역할을 받아들이고, 사별 등의 주변 환경에 융통성 있게 대처하는 지혜를 가져야 한다. 되도록 긍정적인 마음을 갖고 생을 마무리할 수 있도록 차분하게 준비해야 하는 것이다.

노인 미술 치료는 삶의 긍정적인 측면을 계발하는 예술적이고 창의적인 활동이다. 이것은 노인들의 예술적 잠재력을 개발하고 실현할 수 있도록 도와주어 삶의 질을 높여준다. 노인들은 미술 치료를 통해 지금까지와는 전혀 다른 방식으로 자신을 표현하는 방법을 배운다. 이런 과정을 거치면서 노인들은 자신의 정신적 상태를 변화시켜 자기 존중감과 자기 신뢰감을 회복하게 된다.

뿐만 아니라 신체 또는 감각 기능의 장애와 노인성 질병을 예방하거나 완화시킬 수도 있다. 그리고 미술 작업이 주는 시각적·운동적·촉각적 자극이 뇌세포의 활동을 도와서 치매를 예방할 수도 있다. 또한 심리적 안정감과 자신감을 얻어 노년기의 우울증도 극복할 수 있다. 자신의 삶을 긍정하여 수용하고, 독립성과 자아실현을 이룰 수 있도록 도와주는 역할도 한다.

한편, 미술 치료의 기법과 재료의 사용은 그 자체만으로 노인성 질병인 치매, 우울증, 뇌졸중, 심장마비로 인한 인지 기능의 저하와 감각 운동성의 장애들을 회복하는 데 큰 도움이 된다. 그리고 우리 인생에서 피해갈 수 없는 주제인 죽음을 능동적으로 맞닥뜨려서 받아들이는 자세를 배우게 해준다.

노인 미술 치료는 개인 미술 치료와 집단 미술 치료가 있는데, 집단 미술 치료의

Tip 노인 미술 치료의 효과

- 심리적 긴장감을 이완하고 안정감을 얻게 된다.
- 미술 재료의 사용 및 기법을 익히면서 갈등과 문제 해결 능력이 생긴다.
- 기억력 저하를 막고 회상을 통해 기억력을 자극시킨다.
- 자기 표현력이 증가하며 언어 능력이 개선된다.
- 왼쪽 뇌와 오른쪽 뇌 손상에 따른 문제점을 회복하는 재활 효과를 볼 수 있다.
- 색과 형태를 구별하는 능력을 유지하거나 개선한다(치매 환자의 경우).
- 개인적인 삶의 경험을 함께 나눌 수 있는 기회를 가진다(집단 미술 치료).

비중이 큰 편이다. 이는 노인 시설, 노인 병원, 양로원 등에서 주로 많이 실시하기 때문이다. 이곳에서는 단순한 보호의 기능을 넘어서 노인들이 보다 질 높은 삶을 영위할 수 있도록 돕는다는 뜻으로 집단적 활동을 많이 장려하고 있다. 이 같은 집단 미술 치료는 작품 활동을 하면서 고독감을 줄이고 소속감을 증진시키며, 다양한 재료를 매개로 하여 가슴 속에 있던 감정을 표출시키고 카타르시스를 느끼게 한다.

여기서는 노인 우울증과 치매를 위한 치료 기법을 소개한다.

노인 우울증

노년기에는 갖가지 만성 질환과 체력 저하에 따른 신체적인 문제뿐만 아니라 심한 고독감과 외로움을 느끼면서 우울증 같은 정신적인 질병을 앓게 된다. 우울증이란 '자책과 관련된 자긍심의 저하, 정신 운동 기능의 지연, 사람 사이의 접촉으로부터의 격리, 때때로 죽고 싶어 하는 마음 등으로 말미암아 슬픔, 외로움 같은 기분의 변화로 특징지어지는 병적인 상태'를 말한다.

노인 우울증을 일으키는 요인은 신체적 질병과 기능 상실, 사별, 사회적 지지 체계, 재정적인 문제, 교육 수준, 인격 등이다. 특히 우울증과 가장 관련 깊은 요인은 배우자나 친척이나 친구의 죽음, 가족이나 친구와의 다툼, 낯선 곳으로의 이사, 결혼 상태의 변화 등이다.

또한 내과적 및 신경과적 질환이 있는 상황에서도 우울증이 생기기 쉬운데, 예를 들어 갑상선 기능 저하증과 심근 경색증 이후에 흔히 우울증이 발생한다. 그리고 치매 환자의 50%에서 우울 증상이 관찰된다.

치매 dementia

치매는 사람들이 앓고 있는 질병 중에서 가장 잔인한 병이라고 할 수 있다. 육체의 형상은 그대로인데 기억과 성격은 딴 사람처럼 파괴되기 때문이다. 치매는 대개 뇌의 병적인 변화 때문에 생기며, 방금 기억했던 것을 되새겨 떠올리지 못하는 건망증에서 시작되는 경우가 많다.

대부분의 치매 환자들은 뇌가 퇴화하는 '알츠하이머병'이라는 불치의 뇌질환을 앓고 있다. 이런 환자들은 처음에는 최근의 기억을 잃어버리고 판단력과 추상적인 추론 같은 고도의 지적 기능을 상실한다. 그 다음에는 기억상실 증상이 더욱 심해져서 장소와 시간 감각을 잃어버린다. 때로는 감정이 불안정해질 수도 있고, 정신뿐만 아니라 육체도 퇴화한다. 결국에는 조리 있게 말하는 능력조차 잃어버린다.

노인 우울증을 개선하는 치료 기법

평균 수명이 늘어남에 따라 노년기에 대한 준비는 필수가 되어가고 있다. 따라서 노년기에 닥칠 육체적인 질병에 대한 대비뿐 아니라, 정신적인 안정과 평온함을 위한 준비도 반드시 필요하다. 그러나 많은 노인들이 어느덧 신체적·사회적 약자가 되어버린 자신의 환경에 적응하지 못하여 쉽게 우울증에 걸린다.

미술 치료는 노인의 생활과 정신적·심리적 상태를 변화시킬 수 있다. 미술 활동을 통해 삶의 긍정적이고 건강한 측면을 보게 함으로써 무기력감과 우울증에서 벗어날 수 있도록 하는 것이다. 젖은 종이에 그리기, 만다라 그리기와 꾸미기 등의 기법은 새로운 방식으로 자신을 표현하게 함으로써, 심리적인 불안감과 우울증을 극복하는 데 큰 도움이 된다.

젖은 종이에 물감 칠하기와 그리기

먼저 솔을 사용해 종이의 한쪽 면을 물로 충분히 젖게 한다. 그 다음에는 물을 충분히 적신 붓으로 한 가지 색을 먼저 찍는다. 그리고 물감이 묻은 붓을 손가락으로 짜서 종

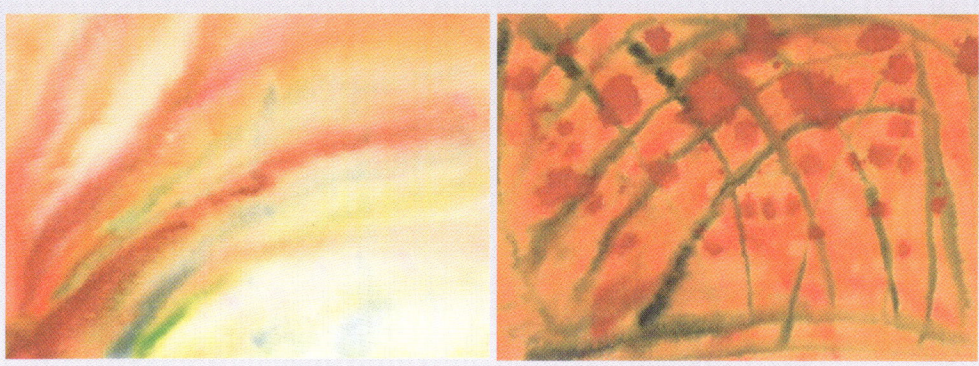

● **젖은 종이에 그린 그림** 왼쪽은 젖어 있는 처음 그림, 오른쪽은 마른 상태의 나중 그림이다. 나중 그림은 물안개와 장미덩굴처럼 느껴진다. 그림이 마른 뒤 자신이 처음에 의도한 것과 나중에 달라진 그림 사이에 어떤 차이가 있는지 이야기해 본다. 이를 통해 흥미를 끌 수 있다.

이 위에 색이 떨어지게 한다. 이때 한 가지 색을 종이에 떨어뜨린 뒤 번지는 것을 기다렸다가 다시 다른 색을 짜는 것이 효과적이다. 색이 점점 옅어지면 그 위에 다른 색을 칠해보도록 한다.

젖은 종이에 그리는 그림은 주제가 미리 주어지지 않고 기술적인 지도도 전혀 받지 않은 상태, 즉 무의식에서 저절로 그려지는 것이다. 그림에 대한 거부감이 없고 누구든지 편안하게 표현할 수 있는 방법이다. 계절이든 감정이든 뭘 표현해도 무방하다. 습식화는 우연성에 의해 그림이 변형되기 때문에 누구나 별 거부감 없이 할 수 있다.

*준비물_ 종이, 물감, 물, 붓

자연물을 통한 입체 활동

종이 위에 나뭇잎이나 꽃잎을 예쁘게 배열해 장식하고, 나뭇잎에 물감을 발라 종이에 찍어보게 한다. 솔방울에 물감을 발라 찍어보거나 풀을 묻혀 붙여봐도 좋다. 또 색종이를 접거나 오려서 꾸며보도록 한다. 집단 활동을 할 때는 주제를 정해서 하는 것이 좋고, 개인 활동에서는 주제 없이 마음대로 꾸며보게 하는 것이 부담감을 없애주어

● **만다라 그림** 평면이든 입체든 모두 좋다. 특히 곡물(또는 씨앗)을 이용한 만다라는 집중력을 키우는 데 효과적이다. 노인에게 친근한 소재로 작업 내내 즐거워한다. 치매, 재활환자 등 소근육 운동을 해야 하는 환자에게도 좋은 프로그램이다.

좋은 작품을 만들 수 있다. 자연물을 통한 입체 활동은 개인보다는 집단 활동에서 자주 적용한다.

* 준비물 종이, 나뭇잎, 솔방울, 나뭇가지, 꽃잎, 풀, 색종이, 크레파스, 가위

만다라 그리기

만다라가 그려진 종이 중에서 마음에 드는 것을 고르라고 한다. 그런 다음 사용하고자 하는 도구를 선택하여 안에서부터, 혹은 바깥에서부터 그림을 그리게 한다. 이때 치료사는 환자가 색을 칠할 때 어느 방향에서 시작하는지를 눈여겨본다.

* 준비물 만다라 문양 종이, 사인펜, 크레파스, 색연필

곡물과 씨앗을 이용한 만다라 꾸미기

직접 만다라를 그리게 하거나 여러 장의 만다라 그림 중에서 선택하게 한다. 또는 자

신의 얼굴을 그려서 꾸미게 하는 것도 좋다. 그런 다음 곡식이나 씨앗을 그림에 배치하고 풀이나 본드로 붙이도록 한다. 다 붙이고 나면 곡식들이 떨어지지 않게 테이프로 고정하거나 랩으로 감싼다.

*준비물 종이, 만다라 문양 종이, 곡식(콩·조·수수·팥·쌀·기장·옥수수 등), 씨앗 종류, 풀, 본드, 테이프, 랩

삶의 파노라마

눈을 감고 조용한 음악을 들으면서 감정을 이완한 뒤 자신의 개인적인 역사에 대해 생각하도록 유도한다. 삶의 시작인 태아기부터 신생아기, 유아기, 아동기, 청년기, 성인기, 노년기, 그리고 죽음에 이르기까지 전 생애를 생각하게 한다. 이때 생의 주기에 따라 가장 강하게 떠오르는 사람, 일, 사건, 분위기, 느낌 등을 기억해두라고 하고, 이것을 그림으로 표현하게 한다. 추상적으로 표현해도 좋으며, 그림을 완성한 뒤에는 대화를 나눈다.

*준비물 전지, 그림 도구

치매 환자를 돕는 치료 기법

노인들은 미술 재료를 사용하고 기법을 익힘으로써 신체적·감각적 자극을 얻게 되고 이를 통해 질병을 예방하거나 완화시킬 수 있다. 치매 역시 미술 치료로 예방이 가능하며, 치매 환자의 경우라도 색과 형태에 대한 구별 능력을 유지하거나 개선함으로써 저하된 인지 기능을 회복할 수 있다. 또 기억력 저하를 막고 회상을 통해 기억력을 자극시킬 수 있으며, 미적 감각을 향상시키고 집중력을 높일 수 있다.

치매 환자에게는 특히 자연물을 이용하여 오감을 자극할 수 있는 치료 기법들이 효과적인데, 점토 등의 자연물이나 음식 재료를 이용한 작업과 헝겊주머니에 각각 다

◆ **점토로 만든 작품** 만들고 싶은 것을 자유롭게 만들어보라고 했다. 점토는 형태가 자유롭게 변형되는 가소성이 있어서 쉽게 할 수 있고 성취감도 높일 수 있는 미술 기법이다.

른 재료를 넣어 촉각과 청각 등을 자극하는 치료 기법 등이 좋다.

사람이나 동물, 자연물의 형상 만들기

점토를 문지르면서 자신의 어린 시절이나 현재의 모습을 떠올려보라고 한다. 그런 다음 자신이 좋아했던 모습을 생각하면서 형태를 만들게 한다. 이때 물을 사용하여 점토가 갈라진 부분을 충분히 문지르게 하면서 손끝에서의 감촉을 최대한 느끼도록 유도한다. 어느 정도 형상이 만들어지면 도구를 사용해 사람의 형태를 자세히 묘사하도록 한다.

*준비물 점토, 점토 도구, 물, 밀대

명화 따라 그리기

명화집에서 하나의 작품을 골라서 복사한 다음 그 그림을 환자에게 준다. 복사한 명화에 색을 칠하게 하거나 원하는 곳에다 잡지나 색종이를 오리거나 찢어서 붙여보게 한다.

* 준비물 _ 명화집, 종이, 크레파스, 파스텔, 잡지, 색종이, 가위, 풀

음악 듣고 혹은 들으면서 그리기, 동화 듣고 그리기

음악을 틀어놓은 다음 그 음악을 들으면서 주제를 생각하거나, 연상되는 한 장면을 생각하면서 그림을 그리게 한다. 음악을 듣다가 떠오르는 동화가 있으면 그것을 그려봐도 좋다.

* 준비물 _ 부드러운 음악 테이프, 종이, 크레파스, 물감

자유로운 핑거페인팅, 음악 들으면서 그리는 핑거페인팅, 양손으로 그리기

캔버스나 켄트지에 물감을 짠 뒤 음악에 맞춰 신나게 문지르게 한다. 손에 물감을 묻히는 게 싫다면 물총에 물감을 넣어주어 종이 위에 마음대로 쏘게 한다. 손바닥이나 물총을 사용하여 물감이 흐르거나 번지는 과정을 충분히 느낄 수 있도록 해준다.

* 준비물 _ 물감, 캔버스 또는 켄트지, 물총

자연물이나 음식 재료 이용하기

점토를 만지고 두드려 보게 한 뒤에 도구를 이용하여 점토판 위에다 이름을 써본다. 그리고 콩이나 여러 가지 자연물을 이용하여 이름 위를 메우게 하여 작품을 완성시킨다.

* 준비물 _ 점토, 곡식이나 국수 종류(마카로니 등)

● **매우 화가 나 있는 마음 상태가 느껴지는 콜라주** 시댁과의 갈등으로 힘들었던 시기를 콜라주로 표현하였다. 색상, 터치 모두에서 자신이 가진 분노와 심한 감정 변화가 느껴진다.

나의 인생 콜라주

잡지나 광고지에서 자신의 삶과 관련이 있는 그림이나 사진 자료를 오려둔다. 그리고 자신을 상징하거나 나타낼 수 있는 것을 종이의 중앙에 붙인다. 그런 다음 자신의 삶과 관련 있는 자료를 중앙에 있는 자신의 주변에 붙여서 콜라주를 만든다. 오려 붙인 내용에 적합한 글자를 찾아 붙이거나 직접 쓸 수도 있다. 작업을 완성한 뒤에 서로 감상하며 대화를 나눈다.

*준비물_ 종이, 잡지, 광고지, 풀, 가위, 필기도구

헝겊 주머니 만들기

각각의 다른 재료가 들어 있는 헝겊 주머니들을 만들어 만져보거나(촉각), 흔들어봄으로써(청각) 그 안에 든 내용물을 확인한다. 유년시절, 헝겊에 콩 따위를 싸서 공 모양으로 만든 오자미를 갖고 놀던 추억으로 되돌아가보는 체험을 하는 기법이다. 먼저 과자 상자에 곡식을 종류별로 넣고 테이프로 봉한 다음, 그것을 흔들어보고 만들어보는 즐거움에 대해 대화를 나눈다. 상자 대신 헝겊 주머니를 사용해도 된다.

*준비물_ 곡식 재료, 헝겊 주머니, 고무줄, 과자 상자, 테이프

> **Tip 임산부를 위한 태교 미술 치료**
>
> 임신을 하면 급격한 몸의 변화와 함께 심리적인 불안감이 찾아온다. 특히 첫 아이를 가졌을 때는 기쁨을 느낄 겨를도 없이 찾아드는 입덧과 갖가지 신체적인 변화로 인해 생체 리듬이 깨지기 쉽다. 이때 마음과 몸을 건강하게 유지하고 다스리는 일은 매우 중요하며, 이 시기를 잘 보내야만 다가오는 출산을 기쁘게 맞이할 수 있다.
>
> 미술 치료는 임신 중에 생기기 쉬운 출산에 대한 두려움과 몸의 변화로 생기는 스트레스, 태교에 대한 부담감 등을 극복할 수 있도록 돕는다. 그 누구와도 나누지 못하는 불안한 내면의 감정을 그림 그리기나 점토 작업 등을 통해 자유롭게 표출함으로써 심리적인 안정감을 얻을 수 있다. 또 미술 활동에 필요한 손놀림은 그 자체로 좋은 태교가 되어 뱃속의 아기에게 영향을 미친다. 작업에 몰두하는 동안 편안해진 엄마의 마음이 아기에게 그대로 전해진다.
>
> 이렇듯 미술 치료는 임신 때문에 심한 스트레스를 받거나, 반대로 아기를 기쁘게 기다리며 좋은 태교법을 생각하는 임산부 모두에게 좋은 방법이다.

그림으로 치료하기

미술 치료는 스스로 병을 치유할 수 있는 내면의 힘을 키워준다. 놀이하듯 즐겁게 미술 활동을 하다 보면 대화를 통해 감정을 표현하게 되고 상처 받거나 억압된 내면의 장애가 자연스럽게 치료되는 것이다. 더불어 자신 안에 숨어 있던 자신감과 삶의 목표를 찾을 수 있는 계기가 되기도 한다. 미술 치료 사례로 소개된 아동기 및 청소년 문제들, 성인 우울증, 노년기의 무력감 등의 치유 과정을 살펴봄으로써 보다 긍정적이고 적극적인 자아상을 갖게 될 것이다.

사례로 이해하는 마음 치료 과정

자신을 찾아가는 특별한 그림 여행

흔히 우리는 '치료'라고 하면 병원에서 의사가 약이나 주사로 환자의 병을 낫게 하는 것을 생각한다. 환자는 그저 의사가 시키는 대로 하면 된다. 하지만 미술 치료는 전혀 다르다. 무엇보다 환자가 적극적으로 미술 활동에 참여해야 하는데, 이는 자신의 병을 스스로 치유하는 역동적인 방식이기 때문이다.

이때 미술 치료사는 환자가 보여주는 각각의 문제점을 이해하고 그에 따라 적절한 치료 기법을 사용하여 상태가 호전되도록 돕는 역할을 한다. 그리고 미술 활동을 하면서 환자가 자아존중감을 회복하고 성취감을 느끼게 도와서 삶의 질을 높이는 중요한 동기를 마련해준다.

갖가지 정서적·신체적 어려움으로 병원을 찾아온 환자들은 처음에는 미술 치료를 달가워하지 않으면서, 미술 작업을 거부하는 경우도 있었다. 그러나 차차 마음을 열고 미술 활동에 열중하였고, 그 결과 스스로의 작품에 자부심을 느끼며 한결 밝은 모습으로 치료실 문을 나서게 되었다.

물론 몇 번의 치료로 병적인 증세가 말끔히 사라지거나, 아주 다른 상황으로 변화했다고는 말할 수 없다. 그러나 이들이 미술 치료를 통해 우울한 감정이나 문제가 될 수 있는 상태에서 벗어나, 스스로 달라지려는 의지를 가지게 된 것은 매우 의미 있는 일이다.

특히, 언어 표현이 미숙한 아동의 경우에는 미술 활동에 흥미를 보이며 적극적으로 참여하면서 치료 효과를 한층 높일 수 있었다. 소아암 같은 중한 병에 걸린 환자 역시 장기간의 입원과 힘든 치료 때문에 생긴 스트레스를 풀고, 치료실을 마치 놀이터처럼 여기며 즐거워하는 모습을 보였다.

여기에 소개된 사례들은 주변에서 볼 수 있는 아동기 및 청소년기의 문제들, 성인 우울증, 노년기의 무기력감 등으로 고통 받는 이들이 미술 치료를 통해 어떻게 변화되었는지를 보여주고 있다.

또래와 잘 어울리지 못해요!

_주의력결핍 및 과잉행동장애(ADHD)

》 부모가 모두 직장에 다녀서 외할머니 손에 길러진 정지훈(만 7세, 남자) 군은 평균 수준의 지능을 갖고 있었지만, 또래에 비해 근육 발달이 늦었다. 다소 문법에 맞지 않는 문장을 사용하며 사회성이 매우 부족한 상태였다. 또 자신감이 없고 학교에서 내주는 과제도 스스로 해결하지 못하였다. 병원 검사 결과 ADHD(주의력결핍 및 과잉행동장애)로 진단받았다.

평소 정 군은 책 읽는 것을 좋아하고, 또래 친구들과 어울려 놀기보다 혼자 집에서 컴퓨터하기를 좋아하는 성격이었다.

이 아이에게는 다양한 미술 활동을 통해 자신감을 고취시키고 성취감을 맛볼 수 있는 기회를 제공하는 데 치료의 초점을 맞췄다. 또한 미술 재료를 활용하여 마음껏 자신을 표현할 수 있게 함으로써, 아이의 자존감을 높이고 과제 수행에 창의적으로 참여할 수 있도록 도왔다.

치료과정》 치료는 모두 여섯 차례에 걸쳐 이뤄졌다. 첫번째 미술 치료 시간은 아이가 편안하게 접근할 수 있도록 핑거페인팅을 선택하였다. 그 뒤로 햄버거 만들기와 그리기, 공룡 화석 찍기, 자기 신체 본뜨기, 종이 접기, 얼굴 그리기의 주제를 갖고 미술 치료를 진행하였다.

>> **1 핑거페인팅** 먼저 황토색으로 똥을 그리게 하였다. 본격적인 활동에 들어가서는 사막과 선인장, 뱀, 그리고 오아시스를 그렸다. 그 다음에는 화선지에 그림을 찍어보는 활동을 통해 불필요한 긴장감을 풀어주고 성취감을 느끼도록 하였다. 그림을 그리는 내내 아이는 기분이 아주 좋았고 매우 즐거워하였다.

2 햄버거 만들기와 그림 그리기 자신이 직접 만든 햄버거를 가족들이 먹는 모습을 보더니 무척 자랑스러워했다. 오랜 시간에도 불구하고 집중력을 발휘한 점이 가장 큰 성과이다.

3 공룡 화석 찍기 공룡 인형을 찰흙에 찍어보고 색칠도 해보려 했지만, 아이가 하지 않겠다고 버텼다. 그래서 그냥 찰흙판 위에 공룡 인형들을 모두 올려놓았다. 잠시 뒤 지훈이가 찰흙에 관심을 보였다. 처음에 사람을 만들고 그 다음에는 개를 만들더니 이 둘을 줄로 연결시켜 산책하는 모습을 표현하였다. 스스로 대상을 정하고 적극적으로 작업하는 모습을 보여주어 자신감이 향상되고 있음을 느낄 수 있었다.

4 자기 신체 본뜨기 신체 그리기를 어려워하였다. 이 점으로 미뤄보아 아이가 자신의 신체에 대해 무언가 불편해한다는 것을 알 수 있었다. 본을 뜬 뒤에는 콜라주와 그림 작업을 했다. 눈, 코, 입 등을 구성하고 내장을 그린 뒤에 신체 본을 오렸다. 냉장고에 신체 본을 붙이자 자기 친구라며 떼어달라고 하였다. 친구를 자주 언급하는 것으로 사회성이 조금씩 발달하고 있음을 짐작케 하였다.

5 **종이 접기** 원하는 동물을 접어서 종이 위에 구성하는 활동이다. 개구리와 올챙이를 접은 다음 종이 바탕에 연못을 그리고 유치원도 그려넣었다. 그리고 접은 개구리와 올챙이로 그림을 정성스럽게 꾸몄다. 종이 접기는 소근육 발달이 느리고 집중력에 장애가 있는 경우에 상당히 도움을 준다.

6 **얼굴 그리기** 평소에 사람 얼굴 그리기를 거부하는 경향이 있었는데, 치료사의 얼굴을 그리는 데 동의하였다. 열심히 관찰하면서 치료사의 얼굴을 다 그린 뒤 목과 몸을 그리고 옷에 있는 글씨도 적어넣었다. 치료사가 아이의 얼굴을 그리자 쑥스러워하면서도 잘 협조하였다. 앞으로는 가족의 얼굴을 돌아가며 그리게 한 다음 친구, 선생님, 자신의 얼굴 그리기로 발전시켜 나가는 것이 필요하다고 판단되었다.

산만하고 공격적이에요

_산만함과 공격성

　서준영(만 4세, 남자) 군은 또래에 비해 셈 능력이 뛰어났다. 하지만 매우 산만하여 한 가지 일에 주의 집중을 하지 못했고, 공격적인 성격을 보였다. 좋아하는 색은 빨강이었고, 자동차와 오토바이 등의 장난감을 주로 갖고 놀았다.

　이 아이를 치료하면서 먼저 관심을 끌 만한 미술 작업을 제시하여 한 가지 일에 집중할 수 있도록 했다. 또한 미술 치료를 통해 아이의 공격적인 성향을 조금이라도 줄일 수 있도록 계획을 세웠다. 아직 나이가 어려 복잡한 미술 기법은 사용할 수 없었다. 산만함을 줄이기 위해 아이가 싫증내지 않고 재미있어 할 만한 재료와 주제를 선택하였다.

치료과정 >> 첫 치료는 아이가 미술 작업에 집중할 수 있도록 종이에 떨어뜨린 물감을 불어서 표현하는 기법을 사용하였다. 그리고 프로타주, 종이접기 등으로 아이의 흥미를 불러일으켰다. 공격성을 줄이기 위해 먹그림 그리기 작업을 시도하였고, 가족화 등을 그리게 해 가족 관계를 탐색했다. 또한 만다라 그리기로 차분함을 유도했다.

≫ 1 물감 불어 표현하기(난꽃 표현) 먼저 치료사가 종이 아랫부분에 화분을 그려주었다. 그러자 아이는 자동차와 버스, 트럭을 그려넣었다. 그 위에 물감을 떨어뜨린 다음 빨대를 이용하거나 그냥 입으로 불어서 줄기를 만들었다. 그 뒤 아이가 원하는 빨간색 꽃을 그려 완성하였다. 화분을 그릴 때까지만 해도 다소 산만했으나, 물감 불기 작업에 들어가서는 힘들다고 하면서도 집중하는 모습을 보였다. 빨간색을 선호하는 것을 보면서 아이의 적극성과 공격성을 느낄 수 있었다.

2 프로타주(돼지 저금통) 프로타주(frottage)란 동전 등의 실물을 종이 밑에 깔고 그 위를 색연필 등으로 문질러 표현하는 것이다. 먼저 돼지 그림을 그린 뒤에 돼지 몸이 그려진 종이 밑에 동전을 깔고 색연필로 문지르게 했다. 그리고 돼지 옆에 나무를 그려넣고 물감으로 바탕을 칠하였다. 아이는 동전을 문지르는 작업을 무척 좋아했다. 즐겁게 하는 만큼 이 작업에 집중하였고, 친구들을 배려하는 모습도 보여주었다.

3 종이 접기(얼굴) 색종이로 얼굴을 접은 다음 종이 위에 붙여서 마음껏 꾸미는 작업이다. 아이는 자신의 얼굴을 꾸몄는데, 두 팔 아래에 양쪽으로 칼을 그려넣었다. 칼은 공격성을 나타내며, 두 개를 그린 것으로 보아 자신의 내면을 표출시킨 것으로 이해된다.

4 먹그림 그리기 화선지 위에 그리는 먹그림은 평소에는 잘 사용하지 않는 재료로, 아이의 관심을 끌고 조심성을 유도할 수 있다. 미리 아이에게 잘 찢어지는 화선지의 특성과 지워지지 않는 먹의 특성을 설명해주었다. 그러자 다른 때와 달리 아주 조심성 있게 행동했다. 또 먹이 화

○ **산만함과 공격성이 있는 아이가 그린 그림** 이 아이는 미술 치료를 받으면서 자기 자신의 에너지를 강하게 표현하였다. 물감 불어 번지기와 그림 그리기를 함께 했는데, 빨간색을 좋아하는 성향을 보였다. 작업하는 동안 물감의 부드러움과 우연성의 효과를 느끼면서 편안한 마음 상태를 유지하였다.

○ **프로타주를 활용한 그림** 다양한 표현 기법은 아이들의 흥미를 유발시킨다. 돼지 저금통을 그린 다음 그 안에 프로타주 기법을 사용해 돈을 그려넣었다.

◐ **종이 접기로 얼굴 꾸미기** 아이는 색종이로 자신의 얼굴을 접었는데, 두 팔 아래에 칼이 있는 게 특징이다. 폭력적임을 나타낸다. 이런 아이들은 미술 치료를 하면서 다양한 매체를 접하게 하는 것이 좋다. 이 방법은 그들의 불안, 공격성, 에너지를 마음껏 발산하게 돕는다.

선지에 번지는 효과를 보면서 흥미를 느꼈는지, 평소와는 다르게 이번 작업과 관련된 질문을 많이 했다.

5 물고기 가족화 그리기 아빠, 엄마, 자신, 동생의 순서로 그렸고, 엄마 물고기가 가장 컸다. 또 자신과 동생은 중앙을 바라보았고 아빠는 아래쪽을 보고 있었다. 엄마 물고기만 위쪽을 보고 있었는데, 이것으로 보아 엄마가 아이에게 권위적이고 지배적인 모습으로 비친다는 것을 알 수 있다. 아이의 강한 필압은 공격적이면서도 자신감이 넘친다는 뜻으로 해석된다.

6 만다라 그리기 만다라 그림을 보여주고 색칠하라고 했더니 별로 흥미 있어 하지 않았다. 하지만 막상 칠하기 시작하면서부터는 집중하는 모습을 보여주었다. 예전보다 한결 차분해지고 높은 집중력을 보였으며, 친구들과의 상호작용을 통해 공격성이 눈에 띄게 줄어들었다.

하루 종일 게임만 해요

_게임 중독증

윤철민(만 10세, 남자) 군은 학교에 가는 시간 외에는 거의 온종일 컴퓨터 게임에만 매달려 있다. 집안에서 응석받이로 자란 탓에 나쁜 버릇을 초기에 잡지 못해 게임 중독이 되었다. 보다 못한 부모가 집에서 게임을 못하게 하자 PC방에 드나들면서 엄마의 지갑에 손을 대는 일까지 생겼다. 여느 게임 중독증 아이들과 마찬가지로 매우 공격적인 성향을 보이고 있다. 게임 외에는 관심을 보이는 게 거의 없고 의욕도 없어서 사회성이 많이 떨어져 있는 상태다.

좋아하는 게임에 대한 그림을 자유롭게 그리게 함으로써, 치료에 대한 거부감을 없애고 내면의 감정을 자연스럽게 표출하도록 하였다. 또한 미술 작업에 대한 지시나 강요 없이 아이가 마음껏 미술 표현을 할 수 있도록 배려하여, 게임 중독으로 인한 공격성을 완화시키고 정서적 안정을 찾을 수 있게 하였다.

치료과정>> 나무 그림과 동물 가족화 그림 검사를 통해 아이의 성향과 가정환경을 진단하고, 편안하게 미술 활동을 시작할 수 있도록 자유화 그리기를 2회 진행하였다. 이어 집·나무·사람 그리기와 2차 나무 그림 검사로 변화된 아이의 모습을 감지할 수 있었다. 처음과 달리 그림 그리기에 흥미를 보여서 자유화 그리기로 마무리하였다.

>> **1** **나무 그림 및 동물 가족화 그리기** 나무 그림을 그려보라고 하자, 그다지 흥미를 안 보이며 적당히 대충 그렸다. 전반적으로 빈약하고 무성의한 느낌으로, 나뭇가지에 홀로 있는 새가 외로워보였다. 게임 외에는 아예 관심이 없는 터라, 마치 외부로부터 고립된 자신의 모습을 형상화한 느낌을 주었다.

동물 가족화에서는 자신을 호랑이로 표현하며 제일 먼저 그렸다. 그 다음으로 아빠와 누나를 강아지로, 그리고 엄마를 노루로 표현하였다. 이 그림을 통해 아이는 아빠를 가장 가깝게 여기고, 엄마를 가장 멀게 느끼고 있다는 것을 알 수 있었다. 자신이 가장 힘이 센 동물로 그려진 것으로 보아, 가족 중에서 아무도 이 아이를 이길 수 없음을 보여준다.

2 **자유화 그리기** 마음대로 그리게 하자, 먼저 성에 갇힌 공주와 칼을 차고 있는 무사를 그렸다. 무사가 모험을 겪으면서 공주를 구하러 가는 내용의 그림으로 게임의 이미지를 연상시킨다. 이어 한 장의 그림을 더 그렸는데, 이 그림은 연필로만 그렸고 게임 내용을 그대로 종이 위에 옮긴 듯했다. 게임에 등장하는 캐릭터와 장면을 세세하게 묘사하였다. 자신의 관심사를 그림으로 표현하면서 게임에 빠져 있는 자신의 모습을 조금이나마 생각할 수 있는 계기가 되었다.

3 **집·나무·사람 그리기** 처음에 그렸던 그림에 비해 나무의 크기가 커지고 풍성해졌다. 엉성하게 그린 첫 그림과 달리 세심하고 대담하게 나무를 표현하였다. 나무 그림을 다시 그려보라고 했더니 물감을 사용하여 한결 부드럽고 풍성한 이미지를 만들어냈다. 나무에 그린 새 역시 한 마리가 아니라 두 마리로 늘었고, 한 마리가 먹이를 가져다주는 따뜻

✿ **처음 진단받을 당시에 그린 나무 그림** 나무 위에 아기새만 혼자 외롭게 있다. ✿ **나중에 그린 나무 그림** 색깔을 칠하고 아기새에게 외부의 새들이 관심을 가져주는 모습을 표현하였다. 처음보다 심리적으로 많이 안정되어 있음을 알 수 있다.

✿ **동물 가족화 그림** 자신을 호랑이로 표현한 것으로 미뤄 집에서 '왕'처럼 생활한다는 것을 알 수 있다. 아빠와 누나는 자기 옆에 그리면서 강아지로 표현했다. 특히 노루로 그려진 엄마가 눈에 띄는데, 특별히 엄마에 대한 거부감은 없지만 자기와 멀리 떨어진 모습으로 보아 집 안에서 유일하게 자신을 혼내는 사람임을 알 수 있다.

○ **자유화 그리기** 그림의 소재가 게임에 대한 내용이고 경직되어 있다. 성 안에 갇혀 있는 공주는 울고, 도둑은 칼을 들고 공주가 밖으로 나오기만 기다리고 있다는 내용이다.

◎ **집 · 나무 · 사람 그리기** 꾸준히 미술 치료를 받으면서 색상이 밝아지고 매체 사용이 자유로워졌음을 알 수 있다. 집과 나무 등을 표현하는 능력이 좋아졌고, 인물도 웃고 있는 모습으로 그리고 있다.

○ **그리고 싶은 것을 마음대로 표현한 그림** 아빠와 자전거를 타면서 즐거워하는 그림이다. 아이의 마음이 평안해지고 바깥 세계와도 잘 어울리는 것을 보여준다. 전체적인 그림의 구도 역시 시원스럽다. 안정감이 느껴진다.

한 풍경을 그렸다. 이는 혼자만의 고립된 세계에서 벗어나 상호 작용의 가능성을 보여주는 것이다.

4 자유화 그리기 아빠와 함께 자전거를 타고 자연 속에서 즐겁게 달리는 모습을 그렸다. 풍경을 시원하게 묘사하고 다양한 색상을 사용해 밝은 모습을 그렸는데, 처음에 그린 자유화와는 느낌이 사뭇 달랐다. 경직되고 답답해보이는 그림에서 탈피하여, 자유롭고 편안한 느낌을 주는 그림으로 변화한 것이다. 이는 아이의 내면이 전보다 한결 밝아지고, 바깥 세계와 소통할 수 있는 가능성이 활짝 열렸음을 보여준다. 실제로 그림을 그리는 아이의 표정이나 태도 역시 처음 왔을 때와는 많이 달라졌다. 공격적인 성향이 눈에 띄게 줄었고 한결 안정되어 보인다.

장애로 사람 만나기가 두려워요

_쇼트핑거증후군

>> 장애를 가진 김희진(만 13세, 여자) 양은 태어날 때부터 쇼트핑거(Short Finger)증후군을 앓고 있었다. 그 영향으로 자라면서 정신 지체와 성장 지체를 보였다. 장애로 말미암아 같은 또래보다 2년 늦게 초등학교에 들어갔다. 하지만 정신적으로 위축되어 친구들과 잘 어울리지 못하였고 학교생활에도 흥미를 잃어, 사회성이 현저히 떨어져 있는 상태였다. 특수 교사의 도움을 받았으나 큰 효과를 보지 못했고, 혼자서 컴퓨터 게임을 하거나 그림을 그리는 것을 좋아하였다.

이 학생은 사람을 만나는 데 자신감이 없으므로 먼저 다양한 미술 표현을 통해 마음을 열도록 이끌었다. 자신을 아끼고 사랑하는 마음을 길러주는 한편, 사회성을 높이고 자신감을 회복하는 데 중점을 두고 치료하였다.

치료과정>> 치료사와 심리적인 유대감을 형성하기 위해 난화 그리기로 시작했다. 어느 정도 친밀한 관계가 만들어지자 내면의 표출을 위해 인물화·가족화 그리기와 점토 활동 등을 실시하였다. 그리고 핑거페인팅, 퍼즐 그려 맞추기, 거울 보고 자기 얼굴 그리기로 자신감과 자존감을 회복하도록 하였다.

》 1 난화 그리기 자연스럽고 편안한 분위기를 만들기 위해 난화 그리기를 시도하였다. 처음에는 주저하고 어색해했으나 곧 즐겁게 난화를 그리기 시작했다. 그런 다음 크레파스로 색칠을 하게 했으나, 이 작업은 그다지 즐기지 못하였다. 대신 난화를 그린 종이 뒷면에다 물고기와 배 모양을 그리는 데 더 열성을 보였다.

2 인물화·가족화 그리기 학교생활을 엿보기 위해 시도한 작업으로, 선생님만 그려넣고 친구는 한 명도 없다면서 그리지 않았다. 가족화의 경우는 엄마, 아빠, 동생, 자신의 순서로 그렸고 엄마를 아빠보다 더 크게 강조해서 그렸다. 가족을 그릴 때는 한결 편안하게 표현했으며 치료사에게도 친밀감을 보여주었다.

3 점토 작업(그릇 만들기) 지점토로 그릇 만들기를 했다. 쇼트핑거증후군으로 말미암아 손이 너무 작아서인지 지점토를 자유자재로 만지지 못하였다. 하지만 점토의 부드러운 느낌을 즐기면서 즐겁게 그릇을 만들었고, 고양이 얼굴을 훌륭하게 만들어냈다. 작품을 완성한 뒤에 매우 흐뭇해하며 기뻐했다.

4 핑거페인팅 붉은색 계통과 초록색 물감을 골라서 풀에 섞은 다음 손바닥에 잔뜩 묻혀서 종이에 찍었다. 아주 적극적으로 찍기 놀이에 참여했다. 사춘기에 접어든 시점이라 좋아하는 남학생을 그려보기도 했다. 많이 웃고 신나보였는데 치료 시간을 즐기는 듯 보였다.

5 퍼즐 그려 맞추기 바탕 그림에 과일 나무를 그리고, 가족들이 과일을 따는 모습을 표현하였다. 완성된 그림을 여러 조각으로 자른 뒤에 이것을 흩어놓고 퍼즐을 맞추는 작업을 시작했다. 그림이 뜻대로 맞춰지지 않자 곧 시큰둥한 반응을 보였다. 치료사가 조각을 찾아주며 격려하자 다시 그림을 맞춰가면서 흥미진진하게 작업하였다. 다 맞춘 뒤에 뿌듯해하며 자신감을 얻는 듯 했다.

6 거울 보고 자기 얼굴 그리기 몸 전체를 순식간에 그리더니 둘레에 큰 사각형을 그려넣었다. 그리고 이 테두리를 거울이라고 했다. 머리를 눈에 띄게 크게 그리고, 인물보다는 거울 주변 장식에 더 큰 관심을 보이면서 자세히 그렸다. 이는 외모에 자신이 없음을 보여주는 것이다. 종이의 남은 공간에다 손을 본뜨면서 흥미를 보이더니, 자신의 손에 난 상처에 대해 이야기하였다. 비록 남들보다 작은 손이지만 직접 본을 떠보면서 자기 자신을 사랑하는 마음을 조금이나마 느끼게 만드는 작업이었다.

남자 어른이 무섭고 싫어요

_아동 성폭행

이경은(만 8세, 여자) 양은 성폭행을 당한 뒤 심한 정신적 충격과 외상으로 고통 받고 있었다. 현재 소아정신과 치료를 받고 있으나, 의사 표현이 서투르고 심한 거부감을 나타내면서 미술 치료를 시작하게 되었다. 가정환경을 보면 2년 전에 부모가 이혼한 뒤 어머니가 재혼한 상태였다. 아이는 친아버지에 대해서는 거부감을 보였고 새 아버지를 더 따르고 있었다. 여섯 살까지는 외할머니가 주로 키웠고, 컴퓨터 게임에 관심이 많은 아이였다.

정신과 상담으로는 좀처럼 입을 열지 않아서 치료에 어려움이 많았다. 이런 아이를 치료할 때는 보다 익숙하고 편안한 환경에서 억압, 분노, 불안한 감정들을 자연스럽게 발산할 수 있도록 도와야 한다. 또한 그림 그리기를 가장 좋아하는 연령대이므로 말보다는 그림이 아이의 속마음을 표현해내기 좋다. 그림으로 분노를 표출시켜 심리적 안정을 찾도록 하는 게 이번 미술 치료의 목표였다. 마음이 받았을 충격이 큰 만큼 긴 치료 과정이 필요하였다.

치료과정》 성폭행에 대한 심한 충격으로 말하기를 거부하는 아이의 마음을 열기 위해, 먼저 아이가 좋아하는 그림을 자유롭게 그리도록 하였다. 좋아하는 사람, 싫어하는 사람 그리기로 시작하여 점토로 사람 만들기, 색깔 점토로 안경과 손바닥 찍기 등 다양한 점토 작업으로 분노를 밖으로 드러나게 하였다. 이어서 콜라주, 물고기 가족화 그리기 등으로 가족 관계를 탐색하였다. 아이의 마음을 안정시키는 데 치료의 중점을 두었다.

>> **1 좋아하는 사람, 싫어하는 사람 그리기** 좋아하는 사람은 새 아빠, 언니, 엄마의 순서로 그렸다. 싫어하는 사람은 짝과 친아빠, 성폭행한 남성을 그리며 눈물과 이마 부위에 혹을 그려넣었다. 특히 성폭행한 남성을 그릴 때 치마를 그려서 그 이유를 묻자, "힘이 너무 세서 여자였으면" 하는 바람으로 치마를 입혔다고 하였다. 좋아하는 사람을 그릴 때는 다양한 색깔을 썼으나, 싫어하는 사람을 그릴 때는 단색으로 거칠게 칠하면서 분노를 표출하였다. 마지막에 싫어하는 사람을 차례로 검은색으로 덧칠하면서, "지옥으로 가라!"며 강한 적개심을 드러냈다.

2 내가 제일 좋아하는 사람 그리기, 점토 작업 몇 년 동안 아이를 돌봐준 할아버지와 할머니를 그리면서 잠시 마음이 안정된 듯 보였다. 그런 다음 점토로 사람의 형태를 만들었는데, 가장 날카로운 도구로 찌르고 자르고 얼굴을 잡아당기면서 "실제였으면 좋겠다"라고 말했다. 특히 머리 부분을 잡아당기면서 "안녕~"이라는 말을 했다. 그러고는 기분이 조금 좋아졌다고 말했다. 뭉개진 점토로 물고기를 만들었는데, 이는 분노가 해소됨을 뜻한다.

3 색깔 점토 작업 자신을 성폭행한 남성에 대한 기억으로 매우 화가 난 상태에서 새로운 곳으로 이사까지 했으니, 현재 아이는 바뀐 환경에 적응하지 못해 스트레스가 아주 심한 상태였다. 그래서 색깔 점토로 기분을 전환해주려고 시도하였다. 아이는 분홍색을 골라 안경을 두 개 만들더니 그 하나를 치료사에게 주며 친밀감을 표시했다. 계속해서 분홍색 점토에 손도장을 찍는 행동을 하였고, 도구를 사용하지는 않았다. 치료사가 흙색 점토에 손도장 판을 주자, 그곳에 손도장을 찍었다. 그러더

니 갑자기 성폭행한 남자가 생각난다며, 자신의 힘이 강해졌으면 좋겠다고 했다. 그런 다음 흙색 점토 위에 커다란 분홍색 점토 탑을 세우고, 성폭행한 남자의 성기라며 손으로 눌러 뭉개버렸다.

4 콜라주 성인 여성의 사진과 어린 남자아이의 사진을 붙였다. 아이는 여자만 좋고 남자는 싫다고 하면서 성인 남성에 대한 강한 분노와 불안을 표현했다. 콜라주에 남자아이 사진을 붙이기에 "남자는 싫지 않냐?"라고 물었더니, 어린 남자아이는 괜찮다고 했다. 여자 주변에 테두리를 표현하며 '피해자'라고 말했으며, 마라톤 하는 여자 사진의 성기 부분에 관하여 계속 이야기하며 낙서를 했다. 지속적으로 성인 남성에 대한 분노와 두려움을 표현하며, 차츰 내면을 정리하는 모습을 보였다.

5 자유 점토 작업 및 색칠하기 학교생활에 적응하기 시작하고 경찰서에 가지 않아서 마음이 많이 안정된 상태로, 점토 작업으로 자유롭게 자신을 표현해보게 하였다. 싫어하는 사람을 만들고 싶다고 하면서도 남성에 대한 거부 반응을 보이며 여자 허수아비를 만들었다. 허수아비 옆에 해바라기 꽃과 장미꽃을 만들어놓고는 "해바라기 꽃은 남자, 장미꽃은 여자"라고 말했다. 마지막으로 자신이 만든 점토와 바탕에 다양한 색을 칠하면서 즐거워했다. 치료 초기에는 도구를 사용해 점토를 찌르거나 분해하는 행동이 많았는데, 점차 줄어들어 심리적인 갈등이 완화되고 있음을 알 수 있다.

6 물고기 가족화 그리기 먼저 치료사가 어항을 그려주고 아이에게 어항 속을 채우게 했다. 아이는 물을 어항 가득 채운 뒤 새 아빠, 엄마,

의붓오빠, 언니 순으로 그리고 맨 마지막에 자신을 그렸다. 현재 의붓오빠는 가족과 따로 살고 있는데, 새 아빠와 계속 같이 살고 싶은 마음에 의붓오빠를 함께 그려 넣은 것 같다.

가득 찬 물은 심리적으로 안정되어 있음을 나타낸다. 칠하기를 시작하자 모든 물고기를 주황색으로 색칠했다. "경은이 물고기를 제일 먼저 잡아야겠다"라고 치료사가 말하자, 자신의 물고기 주변에 원을 그려 보호막을 만들었다. 가정의 울타리를 지키고픈 아이의 마음을 읽을 수 있었다.

너무 오래 아파서 힘들어요

_소아암

박정태(만 6세, 남자) 군은 네 살 때 자폐아 2급 진단을 받았다. 그 뒤 특수 교육을 받고 있는 상태에서 소아암이 발병하였다. 병원에 입원한 뒤에는 특수 교육을 중단하고 항암 치료와 함께 언어 치료를 병행하고 있는데, 장기간의 입원과 항암 치료로 말미암아 심한 스트레스를 받고 있었다. 맞벌이 부모를 둔 아이의 양육은 할머니 몫이었다.

과일에 집착하여 과일 그림 그리기와 만들기를 좋아한다는 아이의 특징을 고려해, 가장 먼저 아이가 좋아하는 과일 그림과 만들기를 마음껏 할 수 있도록 해주었다. 또한 즉흥적으로 재료를 선택하여 사용하게 함으로써 항암 치료와 장기 입원에서 오는 지루함을 줄이는 데도 신경을 썼다. 병원이라는 딱딱한 분위기에서 벗어나 자발적인 미술 활동을 통해 재미와 편안함을 느끼고 정서적인 안정을 찾도록 도와주었다. 특히 다양한 미술 재료를 접해봄으로써 변화에 대처하고 적응할 수 있는 힘을 키우는 데 중점을 두었다.

치료과정》 다양한 미술 재료를 이용하여 편하고 자유롭게 그림을 그리도록 하였다. 그래서 오랜 병원 생활에서 오는 긴장과 스트레스를 풀 수 있게 하였다. 또한 점토 작업으로 오감을 발달시키고 정서적 안정을 얻도록 하였다. 그 밖에 신문지 찢기, 데칼코마니, 습식화 등으로 치료하였다.

>> **1 자유화 그리기** 자유롭게 그림을 그려보라고 하자 계속 과일 그림만 그렸다. 이 같은 반복적인 행동은 자폐아의 성향을 보여주는 것이다. 물감을 사용하게끔 유도하자 붉은색만 사용하였는데, 대체로 소아암 환자들은 붉은색과 검정색을 특별히 더 좋아하는 경향이 있다.

2 점토 작업 항암 치료를 받고 있는 상태여서 무균 점토를 이용하였다. 점토를 만지고 자르고 뭉치는 행동을 반복하여 점토의 촉감을 충분히 느끼게 하면서 아이의 재미와 흥미를 유발하였다. 이번에도 점토로 과일을 만들었는데, 과일의 종류에 따른 색상과 특징을 정확하게 파악하여 실재감 있게 만들고 물감 칠도 잘해냈다. 과일을 만드는 동안 노래를 부르고 질문에 대답을 하는 등 아주 즐거운 모습이었다. 평소에는 묻는 말에 거의 대답을 안 하는데, 점토 작업을 하면서 마음이 매우 밝아진 듯 보였다.

3 자유화와 점토 작업 종이에 노랑, 빨강, 남색, 초록색의 물감을 각각 한 장씩 채우며 자신의 감정을 표출하였다. 이어서 백색 점토를 주자 매우 기뻐하며 점토를 각각의 색지 위에 조금씩 뭉쳐서 자유롭게 올려놓았다. 그리고 점토 덩어리가 조금씩 쌓여 층을 이루도록 하였다. 초록색 종이 위에는 점토를 가득 채워놓았다. 색칠한 종이 위에 점토를 쌓아놓은 모양이 새롭게 느껴지는지, 옹알이 같은 소리를 내며 즐거움을 표현하였다.

4 신문지 찢기 치료사가 먼저 신문지를 찢어 보이자 아이도 흥미를 보이면서 빠른 속도로 신문지를 찢었다. 탁자 위에 쌓인 신문지 조각들을

바닥에 떨어뜨리고, 마음대로 던지고, 크게 소리 지르고, 뛰어 놀며 즐거워했다. 신문지 놀이를 신나게 하면서 오랜 치료 때문에 생긴 스트레스를 마음껏 해소하고 내면에 쌓인 감정을 발산하는 모습을 보였다.

5 젖은 종이에 그림 그리기 물에 적신 종이에 붉은색 물감을 먼저 칠하고, 그것이 번지는 모습을 보면서 흥미 있어 했다. 이어서 초록색과 연두색 물감을 적신 스펀지를 종이 위에 찍은 다음, 검정색 사인펜으로 종이 가운데 나무 하나를 그려넣었다. 붉은색을 칠한 종이 위에다 붉은색과 검정, 연두색의 색종이를 자유롭게 찢어 붙이면서 즐거워했다.

6 점토 작업과 콜라주 백색 점토를 만지다가 눈사람 모양을 만든 뒤 검정색 사인펜으로 눈과 입을 그려넣었다. 신문지를 보더니 전에 했던 신문지 찢기가 생각났는지 신문지를 찢기 시작했다. 콜라주 작업에서는 자신이 좋아하는 과일(주로 수박) 사진과 과일 주스 사진을 붙였으며, 붉은색 크레파스로 배경을 가득 칠했다. 치료실에 오자마자 서랍장에서 점토를 찾아내는 등 전보다 감정 표현이 한결 풍부해지고 표정도 밝아졌다.

죽고 싶어요

_성인우울증

이미영(만 49세, 여자) 씨는 10년 전 아끼던 여동생의 죽음으로 우울증이 생겼다. 최근에는 빚을 남기고 죽은 오빠 때문에 스트레스를 받아서 우울증이 더 심해졌는데, 자살을 시도한 적도 있었다. 또 원인 모를 하혈로 스트레스가 심하게 쌓여 있는 상태였다. 야생화 가꾸기와 음식 만들기가 취미라고 하였다.

먼저 산부인과 진료를 받으면서 하혈의 원인을 찾고, 미술 치료를 통해 억압된 감정들을 발산할 수 있도록 계획하였다. 또한 미술 활동을 통해 삶의 의욕을 북돋워 주고 자존감을 높여 우울증을 경감시키도록 하였다.

치료과정>> 동적 가족화 그리기(KFD)로 심리 상태와 가족 관계를 알아보았다. 그리고 어두운 마음의 그늘에서 벗어나도록 봄을 떠올리게 하는 색을 주제로 삼아 자유화를 그리도록 하였다. 이어서 억압된 감정을 발산시키고 심리적인 평정을 찾을 수 있는 점토 작업을 실시하였다. 그림 그리기에 흥미를 보여서 자유롭게 그림을 그리도록 했다.

>> 1 동적 가족화 그리기 자신의 모습을 제외한 남편과 두 딸을 그렸다. 자신을 안 그리는 것은 우울증 환자의 전형적인 형태로, 최근 자살을 시도할 정도로 극심한 우울증에 시달리고 있음을 단적으로 보여주었다. 작은 딸이 사랑스럽다며 입가에 점을 찍어주는 것으로 미뤄 가족에 대한 애정이 크다는 사실을 알 수 있었다.

2 자유화 그리기 원인 모를 하혈 때문에 심한 스트레스에 시달리고 있었으나, 병원 진료를 통해 원인을 알게 되어 치료할 수 있다는 희망을 갖게 되었다. 처음에는 붓을 잡는 것조차 힘겨워했는데, 치료사가 봄을 연상시키는 색깔로 점을 찍도록 유도하였다. 먼저 어두운 색을 골라 종이에 부분적으로 채우다가, 차츰 푸른 새싹 같은 작은 점으로 시작하여 그림을 그리기 시작했다. 어두운 색에서 밝고 투명한 색상으로 변화해가는 것은 심리적으로 안정되고 있음을 의미한다. 그림의 완성도가 떨어지는 것은 우울증 환자의 공통적인 경향이다.

3 점토 작업 치료사와 이야기를 나누는 등 친밀감을 표시하게 되었고, 점토로 작업하는 것에 흥미를 느꼈다. 작은 공 모양을 여러 개 만들도록 유도하였는데, 이 작업은 사고를 넓히는 효과를 주며 상당한 집중력을 요구한다. 눈을 감고 손의 촉각만으로 공의 형태를 만들게 하여 몸의 여러 감각기관을 발달시키도록 하였다.

4 점토 작업 공 모양을 변형시키는 작업을 유도하여 절구통과 절구, 약과, 사각형, 고추 빻는 기계, 어린왕자의 혹성 등을 차례로 만들었다. 점차 모양이 커지도록 한 것은 사고의 확장을 도우며, 고추 빻는 기계는

본인이 우울한 상태에서 벗어나 적극적으로 활동할 수 있도록 하는 것을 의미한다. 즐겁게 작업하면서 치료사에게 자신의 가족 이야기도 많이 들려주었다. 서서히 마음을 여는 모습이 보였다.

5 자유화 그리기 치료 시간에 딸을 데리고 와서는 자신의 그림 솜씨를 보여주려고 함께 왔다고 했다. 한결 편안한 모습을 보였다. 정신과 병동에 입원한 후 담당 의사와의 마찰로 힘들어했지만 미술 치료사에게는 신뢰감과 친밀감을 표시했다. 엉성한 가지만 있는 큰 나무와 그 옆에 웅크리고 있는 사람을 그린 뒤, 웅크리고 있는 사람이 마치 자기 자신 같다고 말했다. 나무에 새싹을 하나둘씩 그리더니 기분이 좋아진다며 너와집과 장독대 등을 그려넣었다. 맑고 푸른 하늘과 풍성한 장독대, 푸른 새싹이 돋아나는 큰 나무 등을 보면서 봄이 느껴진다고 했다. 처음 그린 그림에 비해 색상이 밝아지고 그림의 완성도가 높아진 것을 보면 의욕적이고 밝은 상태로 호전되고 있음을 알 수 있다.

6 자유화 그리기 딸과 남편과 함께 치료를 받으러 왔다. 제주도의 푸른 오름을 표현하면서 소 한 마리가 한가롭게 풀을 뜯고 있는 모습을 그렸다. 그리고 소의 분비물을 영양분 삼아서 자란 야생화를 그려넣으면서 매우 즐거워했다. 봄에 자라는 야생화와 나물들을 이야기하며 밝은 표정으로 즐겁게 작업에 열중했다. 전체적인 그림의 분위기가 밝고 안정된 심리 상태를 말해주고 있다.

외롭고 쓸쓸해요

_노인 우울증

전순복(만 77세, 여자) 할머니는 4년 전 남편과 사별하고, 낯선 곳으로 이사 오면서 심한 외로움과 허탈감에 시달리고 있었다. 자식들과도 떨어져 있어서 외로움이 더했다. 게다가 허리 디스크 때문에 육체적인 고통까지 겪고 있었다. 할머니의 바람은 집 주위에 교회가 생기고 이웃들과 좀더 가까이 지내는 것이었다. 전형적인 노인 우울증에 시달리고 있는 상태였다.

이 할머니는 무엇보다 외로움에 지쳐 무기력해진 상태에서 벗어나게 하는 것이 중요했다. 그래서 자존감을 높이고 새로운 자아를 찾아 행복감을 얻도록 치료 계획을 세웠다.

치료과정 >> 노인 미술 치료를 할 때는 처음부터 바로 미술 활동에 들어가기보다 치료사와 먼저 가까워져야 한다. 어느 정도 친밀감이 쌓인 다음에는 심리 상태를 잘 이해하기 위해 HTP(집·나무·사람) 검사를 실시하고, 만다라 그리기로 소근육 운동을 돕는 동시에 마음의 평정을 찾도록 하였다. 또한 데칼코마니로 자존감을 회복하는 데 도움을 주고, 점토 작업으로 내면을 표출하게 만들고, 핑거페인팅으로 희망을 기원하게 하였다.

>> 1 유대 관계 형성 첫번째 치료는 치료사와 가까워져 유대감을 조성하는 것이다. 치료 시간과 목적을 이야기하고, 좋은 추억을 이끌어내는 대화를 통해 친밀감을 쌓았다. 할머니의 솔직한 감정을 조심스럽게 이끌어내면서, 할머니를 둘러싼 현재 상황을 이해하는 데 초점을 두었다.

2 HTP 검사 자신의 존재가 자식들에게 큰 의미를 주지 못한다고 생각하는 할머니로 하여금 자기 자신은 가족 안에서 주체적인 소중한 존재라는 것을 일깨우는 과정이다. 집과 나무, 사람을 그려보라고 하자 할머니는 그림을 못 그린다며 겨우 집만 하나 그려, 소심함과 완고함을 드러냈다. 몹시 약한 필압은 두려움이 많고 불안한 상태임을 나타내고, 자기방어적 경향성을 보인다.

3 만다라 그리기 만다라 그림 안쪽에 집중적으로 그리는 것을 보고 의도적으로 바깥쪽으로 유도하였다. 이는 방향을 전환함으로써 균형과 이완을 얻게 하려는 것이다. 젊은 시절의 추억을 되새기며 색깔을 골라서 칠하다가, 점차 그림 그리는 것에 싫증을 냈다. 그러나 그림이 완성된 뒤에는 조금은 안정된 모습을 보이며 편안해하였다.

4 데칼코마니 치료사의 도움을 받아서 물감을 짜고 다양한 방향으로 문질러 그림을 완성하였다. 스스로 생각해도 좋은지 매우 만족해하고 신기해했다. 그림이 아주 예쁘다고 감탄하면서, 마치 '나비' 같다며 기뻐하였다. 이런 과정을 통해 자존감을 회복할 수 있다.

5 **점토 작업** 다른 작업에 비해 큰 거부감 없이 진행하였다. 점토를 조물조물 만지면서 네모난 그릇과 둥근 그릇 두 개를 만들었다. 아들과 며느리에게 그릇을 주겠다며 기뻐했는데, 여전히 자식에게 의지하고픈 마음을 엿볼 수 있었다. 점토 작업으로 내면의 갈등을 표출하고 순화시킴으로써 한결 편안해진 모습을 보였다.

6 **풀그림** 풀과 종이죽, 물감, 사인펜을 주고는 마음대로 그려보라고 하자, HTP 검사 때 그리지 않던 나무를 그렸다. 또 다른 종이에는 물감을 섞은 종이죽을 붙이면서 매우 즐거워했다. 미술 치료를 통해 외로움과 무료함을 떨쳐내고 내재된 심적 갈등을 많이 해소할 수 있었다. 그리고 자식에게 휘둘리지 않고 당신 스스로 무언가 해내고 있다는 사실에 큰 기쁨과 만족을 얻었다.

참고문헌

국내문헌

정여주, 《미술치료의 이해》, 학지사, 2003.

사단법인 한국심성교육개발원, 《심성계발을 위한 미술치료의 이론과 실제》, 2003.

Cathy. Malchiodi 저, 김동연·이재연·홍은주 공역, 《아동미술심리이해》, 학지사, 1998.

주리애, 《미술치료는 마술치료》, 학지사, 2000.

주리애, 《미술치료 요리책》, 아트북스, 2003.

모리 아키오 저, 이윤정 옮김, 《게임뇌의 공포》, 사람과 책, 2002.

Cathy. Malchiodi 저, 이재연·홍은주·이지현 공역, 《학대받은 아동을 위한 미술치료》, 학지사, 2006.

전세일, 《보완의학》, 도서출판 아카데미아, 2005.

옥금자, 《청소년 임상 미술치료 방법론》, 도서출판 하나의학사, 2005.

김선현, 《흙동이의 유아 찰흙놀이》, 꼬마이실, 2004.

외국문헌

- Adler, A.(1985). *Individualpsycbologie in der Scbule*. Frankfurt am Main. Fischer.
- Alschuler, P. & Hattwick, L. A.(1943). *Easel painting as an indes of personality in pre-school children*. Journal of Orthopsychiatry, 13, 616-625.
- Arnheim, R(1972). *Toward a psychology of art*. Berkely: University of California Press.
- Buck, J.(1948). *The House-Tree-Person techinique*. L.A.: Western Psychological Services.
- Burns, R. Kafuman, S.H.(1970). *Kientic Family Drawing (K-F-D): An introduction to Understanding Children through Kinetic Drawing*. N.T.:Brunner/Mazel
- Dewards, B.(1986). *Drawing on the Artist Within*. N.Y.:Simon and Schuster..
- Eisner & Ecker(1966). *Readings in Art Education*. Lexington: Xerox College Pub.
- Goodenough, F.(1926). *Measurement of intelligence by drawings*. N.Y.:Harcourt, Brace & World.
- Hammer, E.(1958). *The clinical application of projective drawings*. Springfield. IL: Charles C Thomas.

- Harris, D. B.(1963). *Children's Drawing as Measures of Intellectual Maturity.* N.Y.: Harcourt, Brace & World.
- Jung, C.G.(1954). *The practice of psychotherapy.* N.Y.:Pantheon.
- _____(1960). Man and his symbols. N.Y.: Dell.
- Kolb, B.(1898). *Brain Development, Plasticity, and Behavior.* American Psychologist, 44th, 172-180.
- Kramer, E.(1971). *Art as therapy with children.* N.Y.: Schocken Book.
- Malchiodi, C. A.(1988). *The Art Therapy Source Book: Art Marking for personal Growth, Insight and Transformation.* N.Y.: The Guilford Press.
- _____(1988). *Understanding Children's Drawing.* N.Y.: The Guilford Press.
- Piaget, J.(1951). *Play, Dreams and Imitation in Childhood.* N.Y.: W. W. Noton & Co.
- Read, H.(1958). *Education through Art,* London: Faber & Faber.
- Rubin, J. A.(1987). *Approach to Art Therapy: Theory and Technique.* N.Y.:Brunner/Mazel.
- Silver, R. A.(1983). *Identifying gifted handicapped children through their drawing. Art Therapy,* 1(1). 40-49.